中等职业教育汽车类专业系列教材

新能源汽车结构与检修

主　编　王　芳　于淑燕　孙东庆

副主编　程秀华　张启蒙　宋金妮

参　编　张文玲　杜清华　王　兰　薛银萍　赵　宁

　　　　关军伟　潘小莉　彭向妮　陶瑞红　高　娟

　　　　牟文静　孙　庆　史峰毅　李苏玲　王　钰

　　　　王紫宁　刘　斌　毛　斐　陶　宏　王　偲

　　　　王亚玲　谭湘豫*

（注：标注有*的人员为企业专家）

西安交通大学出版社
XI'AN JIAOTONG UNIVERSITY PRESS

图书在版编目(CIP)数据

新能源汽车结构与检修/王芳，于淑燕，孙东庆
主编. — 西安：西安交通大学出版社，2022.6
ISBN 978-7-5693-2635-2

Ⅰ.①新… Ⅱ.①王…②于…③孙… Ⅲ.①新能
源-汽车-构造-职业教育-教材②新能源-汽车-车辆修理-
职业教育-教材 Ⅳ.①U469.7

中国版本图书馆 CIP 数据核字(2022)第 093493 号

书　　名	Xinnengyuan Qiche Jiegou yu Jianxiu 新能源汽车结构与检修
主　　编	王　芳　于淑燕　孙东庆
策划编辑	杨　璠　曹　昳
责任编辑	张　欣　杨　璠
责任校对	魏　萍
出版发行	西安交通大学出版社 (西安市兴庆南路 1 号　邮政编码 710048)
网　　址	http://www.xjtupress.com
电　　话	(029)82668357　82667874(市场营销中心) (029)82668315(总编办)
传　　真	(029)82668280
印　　刷	西安五星印刷有限公司
开　　本	787mm×1092mm　1/16　　印张 11.75　　字数 237 千字
版次印次	2022 年 6 月第 1 版　　2022 年 6 月第 1 次印刷
书　　号	ISBN 978-7-5693-2635-2
定　　价	42.00 元

如发现印装质量问题，请与本社市场营销中心联系。
订购热线：(029)82665248　(029)82667874
投稿热线：(029)82668804
读者信箱：phoe@qq.com

目 录
Contents

新能源汽车认知

任务 1.1　新能源汽车的认识

情景导入

甲：你听说过新能源汽车吗？什么样的车是新能源汽车呢？

乙：听说用电的车是新能源汽车。

乙说的是否完全正确呢？让我们带着这个问题来学习本任务。

学习目标

(1)掌握新能源汽车的定义及分类标准。

(2)掌握新能源汽车的优点。

1.1.1　新能源汽车的定义

新能源，顾名思义是一种新型的能源，是指除汽油、柴油、天然气、液化石油气、乙醇汽油、甲醇等之外的燃料，主要包括电能、风能、太阳能、生物燃料等。

> 天然气不属于新能源，那么天然气汽车是新能源汽车吗？

目前，国家将天然气汽车划归到节能减排汽车的行列，节能减排是指节约物质资源和能量资源，减少废弃物和环境有害物(包括三废和噪声等)排放。目前的节能减排汽车包括天然气汽车、混合动力电动汽车、甲醇汽车、乙醇汽车等。

中华人民共和国工信部 2017 年 1 月 16 日发布的第 39 号部令《新能源汽车生产企业及产品准入管理规定》中第三条对新能源汽车的定义：新能源汽车是指采用新型动力系统，完全或者主要依靠新型能源(不包括铅酸蓄电池)驱动的汽车，包括插电式混合动力(含增程式)汽车、纯电动汽车和燃料电池汽车。

1.1.2　新能源汽车的分类

按照动力源的不同，新能源汽车可分为纯电动汽车(Battery Electric Vehicle，BEV)、插电式混合动力电动汽车(Plug‑in Hybrid Electric Vehicle，PHEV)、燃料电池电动汽车(Fuel Cell Electric Vehicle，FCEV)三种。

1. 纯电动汽车

纯电动汽车是指驱动能量完全由电能提供的、由电机驱动的汽车。电机的驱动电能来源于车载可充电储能系统或其他能量储存装置。

纯电动汽车的代表车型为特斯拉 Model 系列(见图 1‑1‑1)、蔚来 ES 系列、吉利 EV450、比亚迪 e6、北汽 EV 系列(见图 1‑1‑2)及各大城市的纯电动公交车、陕汽牌轩德 E9 纯电动汽车等。

图 1‑1‑1　特斯拉 Model 系列　　　　图 1‑1‑2　北汽 EV 系列

纯电动汽车具有胜过内燃机车辆的很多优点，比如零排放、绿色环保、噪声小、能量转换效率高等优点；缺点也比较突出：蓄电池单位重量储存的能量太少，同时电动车的蓄电池较贵，没有形成规模经济，故购买价格较贵。

2. 插电式混合动力电动汽车

混合动力电动汽车(Hybrid Electric Vehicle，HEV)是指能够至少从下述两类车载储存的能量中获得动力的汽车：

(1)可消耗的燃料；

(2)可再充电能/能量储存装置。

插电式混合动力电动汽车(PHEV)是指正常使用情况下可从非车载装置中获取电

能的混合动力电动汽车。

　　插电式混合动力电动汽车配备了较大容量的动力蓄电池，可以通过接入电网为系统中配备的动力蓄电池充电，充电后可仅凭动力蓄电池和电机驱动汽车以纯电动模式行驶。插电式混合动力系统既可以以纯电动模式行驶较长的距离，又解决了目前纯电动汽车续驶里程短的问题。但由于它里面依然有内燃机，所以只是作为纯电动汽车没有大范围普及之前的过渡产品。

　　什么是增程式电动汽车？增程式电动汽车与插电式混合动力电动汽车的区别？

　　增程式电动汽车：一种在纯电动模式下可以达到其所有的动力性能，而当车载可充电储能系统无法满足续航里程要求时，打开车载辅助供电装置为动力系统提供电能，以延长续航里程的电动汽车，且该车载辅助供电装置与驱动系统没有传动轴（带）等传动连接。

　　增程式电动汽车与插电式混合动力电动汽车的区别如图1-1-3所示。

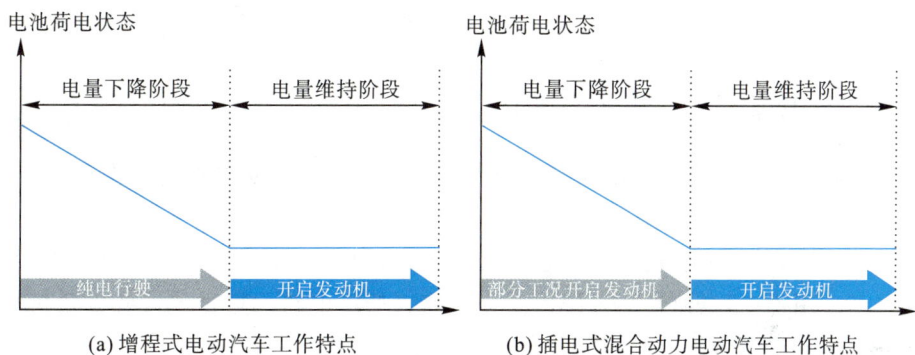

(a) 增程式电动汽车工作特点　　(b) 插电式混合动力电动汽车工作特点

图1-1-3　增程式电动汽车与插电式混合动力电动汽车的区别

　　(1)两种电动汽车在电量维持(Charge Sustaining, CS)阶段均需要开启发动机维持电量平衡，两者的区别主要在于电量下降(Charge Depleting, CD)阶段的工作模式。

　　(2)增程式电动汽车在CD段以纯电动模式运行，保持发动机不开启，油耗为0。

　　(3)插电式混合动力电动汽车在CD段，部分工况下需要开启发动机来满足整车功率需求，产生油耗。

3. 燃料电池电动汽车

燃料电池电动汽车是指以燃料电池系统作为单一动力源或者以燃料电池系统与可

充电储能系统作为混合动力源的电动汽车。目前，燃料电池电动汽车可分为燃料电池混合动力电动汽车和纯燃料电池电动汽车两大类。图1-1-4所示为丰田燃料电池电动汽车。

图 1-1-4　丰田燃料电池电动汽车

1.1.3　电动汽车基本结构

电动汽车的核心部件包括动力蓄电池系统、驱动电机系统、整车控制系统及车辆辅助控制系统。

（1）动力蓄电池系统。动力蓄电池系统（见图1-1-5）是由一个或一个以上蓄电池包及相应附件（蓄电池管理系统、高压电路、低压电路、热管理设备以及机械总成）构成的为电动汽车整车的行驶提供电能的能量存储装置。

（2）驱动电机系统。驱动电机系统（见图1-1-6）是驱动电机、驱动电机控制器及其工作必需的辅助装置的组合。驱动电机系统是电动汽车的心脏，是新能源汽车的三大核心部件之一，是车辆行驶的主要执行机构。

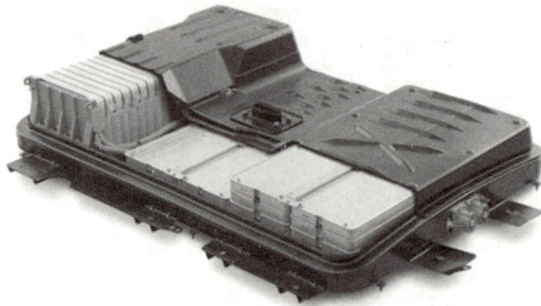

图 1-1-5　动力蓄电池系统

图 1-1-6　驱动电机系统

（3）整车控制系统。动力总成控制器采集加速踏板信号、制动踏板信号及其他部件信号，并作出相应判断后，控制下层的各部件控制器的动作，实现整车驱动、制动、能量回收。电动汽车以整车控制器为主节点，通过 CAN 总线网络对电动汽车动力链的各个环节进行管理、协调和监控，以此实现整车的驱动控制、能量优化控制、回馈制动以及网络管理等功能。整车控制器工作原理见图 1-1-7。

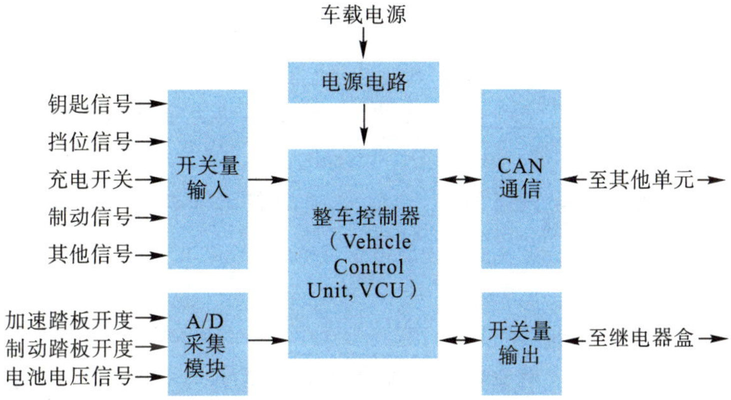

图 1-1-7　整车控制器工作原理图

（4）车辆辅助控制系统。车辆辅助控制系统，包括高压配电箱（Power Distributor Unit，PDU）、DC/DC、车载充电机（On Board Charger，OBC）、蓄电池管理系统（Battery Management System，BMS）、电动空调控制系统、电动助力转向控制系统、电动制动控制系统等。

任务总结

（1）按照动力源的不同，新能源汽车可分为纯电动汽车（BEV）、插电式混合动力电动汽车（PHEV）、燃料电池电动汽车（FCEV）三种。

（2）纯电动汽车是指驱动能量完全由电能提供的、由电机驱动的汽车。

（3）插电式混合动力电动汽车（PHEV）是指正常使用情况下可从非车载装置中获取电能的混合动力电动汽车。

（4）燃料电池电动汽车是指以燃料电池系统作为单一动力源或者以燃料电池系统与可充电储能系统作为混合动力源的电动汽车。

（5）电动汽车的核心部件包括动力蓄电池系统、驱动电机系统、整车控制系统及车辆辅助控制系统。

思考题

1. 填空题

(1) 新能源汽车是指采用 _____，完全或者主要依靠新型能源(不包括铅酸蓄电池)驱动的汽车，包括 _____ 汽车、_____ 和 _____ 汽车。

(2) 纯电动汽车具有很多优点，比如 _____、_____、噪声小、能量转换效率高等优点。

(3) 插电式混合动力电动汽车配备了 _____ 的动力蓄电池，可以通过接入电网为系统中配备的动力蓄电池 _____，充电后可仅凭动力蓄电池和电机驱动汽车以 _____ 行驶。

(4) 驱动电机系统是电动汽车的 _____，是新能源汽车的三大核心部件之一，是车辆行驶的主要 _____。

2. 简答题

(1) 新能源主要包括哪些燃料？

(2) 按照动力源的不同，新能源汽车可分为哪三种？

任务 1.2　新能源汽车常见标识

情景导入

甲：你知道为什么汽车的车牌有些是绿色的，有些是蓝色的吗？

乙：听说绿色的是新能源汽车，蓝色的是传统燃油汽车。

新能源汽车可以通过车牌识别出纯电动汽车和混合动力电动汽车吗？我们一起来学习吧。

学习目标

(1) 掌握新能源汽车车牌编码规则。

(2) 掌握新能源汽车仪表盘常见图标。

1.2.1　新能源汽车车牌

为了更好地区分辨识新能源汽车，实施差异化交通管理，我国启用了新能源汽车专用牌照。新能源汽车牌照分为小型新能源汽车牌照和大型新能源汽车牌照。新能源汽车牌照的外廓尺寸为 480 mm×140 mm，其中小型新能源汽车牌照为渐变绿色，大

型新能源汽车牌照为黄绿双拼色，中文字（汉字）、数字和字母颜色为黑色；牌照号码
为6位数；纯电动的车型用"D"，非纯电动的车型用"F"，如图1-2-1所示。

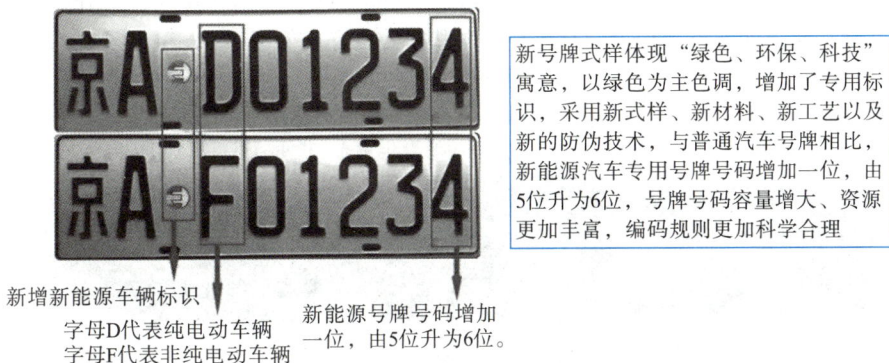

新号牌式样体现"绿色、环保、科技"寓意，以绿色为主色调，增加了专用标识，采用新式样、新材料、新工艺以及新的防伪技术，与普通汽车号牌相比，新能源汽车专用号牌号码增加一位，由5位升为6位，号牌号码容量增大、资源更加丰富，编码规则更加科学合理

新增新能源车辆标识
字母D代表纯电动车辆
字母F代表非纯电动车辆

新能源号牌号码增加
一位，由5位升为6位。

图 1-2-1　新能源汽车牌

1.2.2　新能源汽车铭牌

新能源汽车铭牌是标明车辆基本特征的标牌，通过铭牌，可以了解新能源汽车的主要信息。新能源汽车类型不同，其铭牌内容会有差异。下面主要介绍纯电动汽车铭牌和混合动力电动汽车铭牌。

1. 纯电动汽车铭牌

纯电动汽车铭牌主要包括车辆品牌、整车型号、驱动电机型号、驱动电机峰值功率、动力电池系统额定电压、动力电池系统额定容量、最大允许总质量、乘坐人数、车辆识别代号、制造年月、制造国等，如图1-2-2所示。

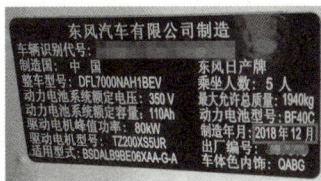

图 1-2-2　纯电动汽车铭牌

2. 混合动力电动汽车铭牌

混合动力电动汽车铭牌除标注与纯电动汽车铭牌相同的内容外，还要标注发动机型号、发动机最大净功率、发动机排量等，如图1-2-3所示。

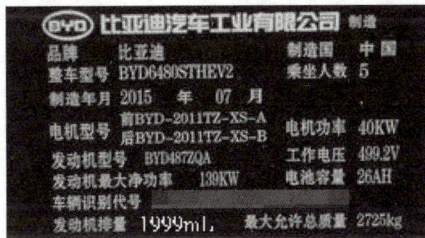

图 1-2-3　混合动力电动汽车铭牌

1.2.3　新能源汽车仪表盘常见图标

为了使驾驶员能够随时了解汽车运行的各种状况，及时发现和排除汽车存在的潜在故障，在驾驶员座位前方仪表板上装有各种仪表和报警装置，如图1-2-4、图1-2-5所示。

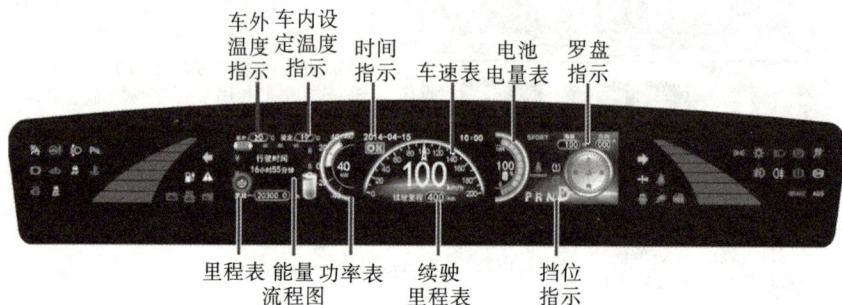

图1-2-4　组合仪表板

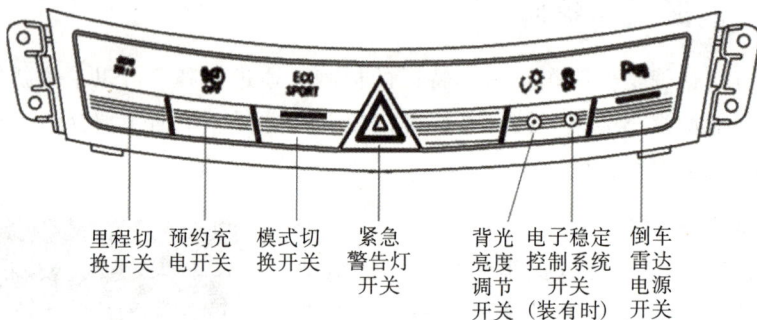

图1-2-5　仪表板开关组

组合仪表指示灯与警告灯说明见表1-2-1。

表1-2-1　组合仪表指示灯与警告灯说明

标志	名称	说明
	车门及行李厢状态指示灯	提醒关闭车门和行李厢门
	驾驶人座椅安全带指示灯	提醒驾驶人应系上安全带
	辅助防护系统（Supplemental Restraint System，SRS）故障警告灯	建议服务站检查
	充电系统警告灯	建议立即停车，送服务站检查

续表

标志	名称	说明
	前排乘员安全气囊开关状态指示灯	如果副驾驶位置坐有成年人，打开副驾驶座安全气囊
	小灯指示灯	—
	远光指示灯	—
	后雾灯指示灯	—
	动力系统故障警告灯	该警告灯常亮时，立即停车送服务站检查，否则将毁坏电机
	前雾灯指示灯	—
	转向信号指示灯	—
	电机冷却液温度过高警告灯	将车开到指定维修点，停车冷却动力电机。如频繁出现，建议联系相关工作人员
	制动系统故障警告灯	如果没有使用驻车制动器，警告灯点亮，可能是制动限位低或真空压力故障、电子制动力分配（Electric Brake Force Distribution，EBD）故障、驻车故障等，建议送服务站检查
	倒车雷达开关状态指示灯（装有时）	—
	制动片磨损警告灯	表示制动片磨损过薄，建议联系汽车授权服务站进行检查与更换
	电子车身稳定系统（Electronic Stability Program，ESP）故障警告灯（装有时）	该警告灯常亮时，建议将车辆送到汽车授权服务站进行检查；该警告灯闪烁时，ESP 工作正常
	主警告指示灯	—
	前排乘员座椅安全带指示灯	提醒前排乘员应系上安全带
	电机过热警告灯	常亮时表示电机温度过高，建议检查冷却液是否充足，停车冷却动力电机，如频繁出现，应立即停车并建议与汽车授权服务站联系
	智能钥匙系统警告灯	—

标志	名称	说明
SPORT	运动模式指示灯	—
(图标)	定速巡航主显示指示灯（装有时）	—
(ABS)	ABS故障警告灯	当整车电源挡位处于OK挡时，此警告灯不亮或持续点亮，或在驾驶中此警告灯点亮，建议立即停车送服务站维修
(图标)	防盗指示灯	—
(图标)	动力蓄电池过热警告灯	该警告灯点亮时应停车使电池冷却
(图标)	转向系统故障警告灯	建议送服务站检查
(图标)	动力蓄电池充电连接指示灯	充/放电枪已连接好，可以开始充/放电
OK	OK指示灯	指示车辆可行驶，注意周围情况
(图标)	动力蓄电池电量低警告灯	请及时给车辆充电
(图标)	动力蓄电池故障警告灯	当整车电源挡位处于OK挡时，此警告灯不亮或持续点亮，或在驾驶中此警告灯点亮，建议立即停车送服务站检查
(图标)	胎压系统警告灯（装有时）	表示轮胎压力异常或胎压监测系统故障，应立即停车并建议与汽车授权服务站联系
ECO	经济模式指示灯	—
SET	定速巡航主控制指示灯（装有时）	—
(图标)	倒车雷达提示信号（装有时）	—
(P)	电子驻车状态指示灯（装有时）	表示电子驻车已启动
(图标) OFF	ESP OFF指示灯（装有时）	—

组合仪表信息见表1-2-2。

表 1-2-2　组合仪表信息

名称	标志	含义
车速表		当整车电源挡位处于 OK 挡时，此表指示车辆行驶车速
电池电量表		当整车电池挡位处于 OK 挡时，此表指示当前车辆动力蓄电池剩余的电量。当指示条将要或已进入红色区域时请尽快对车辆进行充电
功率表		显示当前模式下整车的实时功率。当在车辆下坡时或靠惯性行驶时，功率指示值可能为负值。此现象表示正在能量回收，回收的能量正在对动力蓄电池进行充电
车外温度指示		显示当前车外的温度。可显示的温度范围为 −40～50 ℃
车内设定温度指示		显示空调当前设定的车内温度。温度设置值低于 18 ℃(64.4 ℉)时显示"Lo"，温度设置值高于 32 ℃(89.6 ℉)时显示"Hi"
里程表		显示器显示下列信息： ①总里程——车辆已行驶的总里程数； ②里程一、里程二——清零后至当前路程的里程数； ③显示切换：当要变换仪表的显示时，迅速按下并释放里程切换开关。每按一次，仪表将循环显示总里程（Odograph，ODO）—里程一—(TRIP A)—里程二(TRIP B)—总里程(ODO)； ④清零操作：要将短距离里程表调整至零时，先显示出该短距离里程表(TRIP A/TRIP B)的读数，然后按住该按键直至仪表被设定为零为止
时间指示		显示日期和时钟
续驶里程显示		续驶里程是根据剩余电量并结合车辆行驶工况所计算显示剩余电量所能支持的行驶距离，该距离可能与实际行驶的距离有所不同。当续驶里程显示数值过低时，请及时对车辆进行充电
罗盘指示（装有时）		指示当前车辆行驶方向及当前位置的海拔

任务总结

（1）新能源汽车牌照分为小型新能源汽车牌照和大型新能源汽车牌照。其中小型新能源汽车牌照为渐变绿色，大型新能源汽车牌照为黄绿双拼色，中文字（汉字）、数字和字母颜色为黑色；牌照号码为 6 位数；纯电动的车型用"D"，非纯电动的车型用"F"。

（2）纯电动汽车铭牌主要包括车辆品牌、整车型号、驱动电机型号、驱动电机峰值功率、动力电池系统额定电压、动力电池系统额定容量、最大允许总质量、乘坐人数、车辆识别代码、制造年月、制造国等。

（3）混合动力电动汽车铭牌除标注纯电动汽车铭牌上的内容外，还要标注发动机型号、发动机最大净功率、发动机排量等。

💠 思考题

1. 填空题

（1）新能源汽车牌照分为_____新能源汽车牌照和_____新能源汽车牌照。其中小型新能源汽车牌照为_____色，大型新能源汽车牌照为_____色，中文字（汉字）、数字和字母颜色为黑色；牌照号码为_____位数；纯电动的车型用"_____"，非纯电动的车型用"_____"。

（2）为了使驾驶员能够随时了解汽车运行的各种状况，及时发现和排除汽车存在的潜在故障，在驾驶员座位前方仪表板上装有_____和_____装置。

2. 简答题

（1）为什么新能源汽车要有专用牌照？

（2）新能源汽车的牌照有哪些特征？

任务1.3　新能源汽车的发展规划

✒ 情景导入

甲：你知道现在国家为什么要发展新能源汽车吗？

乙：听说能源短缺、环境污染严重了，新能源汽车可以降低环境污染。

为了鼓励发展新能源汽车，国家有哪些支持政策呢？

🔑 学习目标

（1）了解新能源汽车发展的必要性。

（2）了解国家对新能源汽车的支持政策。

1.3.1　新能源汽车发展的必要性

1. 能源短缺

传统汽车工业以石油为燃料，对化石能源有巨大的需求和依赖。近年来中国汽车社会化进程加快，汽车产业迎来了跨越式的蓬勃发展时期。但是，汽车产量的急剧增长对能源的负面影响也越来越突出。

我国对进口石油依存度预测见图 1-3-1。

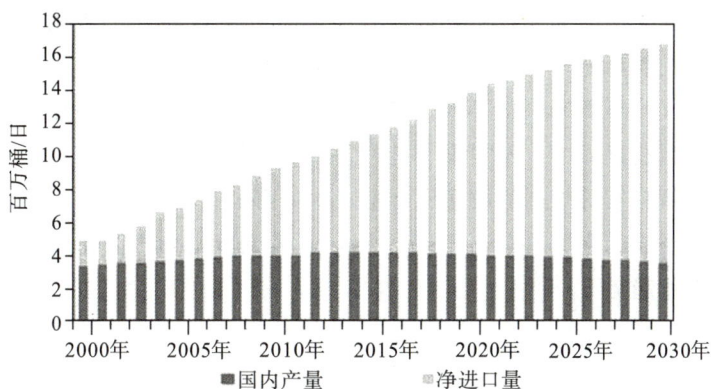

图 1-3-1　我国对进口石油依存度预测

我国虽然是世界能源资源大国，但由于人口众多，人均能源资源却相对贫乏。根据中国能源网数据显示，2018 年我国石油和天然气产量在全球占比分别为 4% 和 4.2%；截至 2019 年全球石油探明储量中，中国居第 13 位，为 36 亿吨。

从环境保护与能源节约的角度，新能源汽车是未来汽车发展的必然趋势，也是我国未来社会与经济发展的必然要求。

2. 环境污染

汽车尾气对环境的污染见图 1-3-2。

图 1-3-2　汽车尾气对环境的污染

汽车尾气中的 CO、NO_X、HC、颗粒物对人类健康会产生直接危害。CO 与血液中的血红蛋白结合的速度比氧气快 250 倍，从而削弱血液向各组织输送氧的功能，危害中枢神经系统，造成人的感觉、反应、理解、记忆力等机能障碍，重者危害血液循环系统，导致生命危险。

汽车排入大气中的 HC 和 NO_x 等一次污染物，在阳光的作用下发生化学反应，生成二次污染物，参与光化学反应过程的一次污染物和二次污染物的混合物形成光化学烟雾，危害人体健康。尾气中颗粒物成分很复杂，并具有较强的吸附能力，可以吸附各种有害物质。颗粒物随呼吸进入人体，可能会引起呼吸系统疾病。

除了汽车尾气给环境带来的不利影响，汽车在生产、使用至报废过程中都会造成环境污染。汽车制造过程中，塑料制件中使用的氟利昂会破坏臭氧层，汽车涂料可能会造成铅污染，涂料有机溶剂的散逸也会造成污染等。

汽车尾气已经成为空气污染的重要原因，开发新能源汽车，减少环境污染，是汽车技术发展的必然趋势。

1.3.2 新能源汽车的发展前景

1. 新能源汽车双积分制

我国有关部门联合公布的《乘用车企业平均燃料消耗量与新能源汽车积分并行管理办法》，简称《双积分管理办法》，自 2018 年 4 月 1 日起施行。

汽车双积分就是平均燃料消耗量（Corporate Average Fuel Consumption，CAFC）积分＋新能源汽车（New Energy Vehicles，NEV）积分。政府从两个方面对乘用车企业进行积分核算管理，平均燃油消耗量负积分可以与新能源汽车积分之间进行交易、抵偿、转让等。简单来说，如果企业没有生产新能源汽车或者量产不够，要想避免遭到停产高油耗车型的处罚，就需要向其他制造商购买新能源积分，来补偿自己的负积分。双积分管理机制如图 1-3-3 所示。

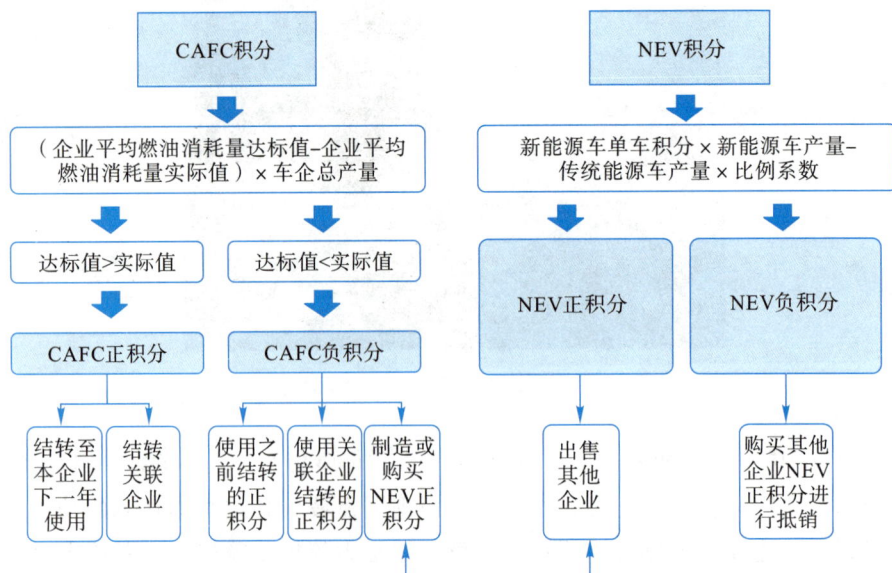

图 1-3-3 双积分管理机制

汽车双积分政策的含义如图1-3-4所示。

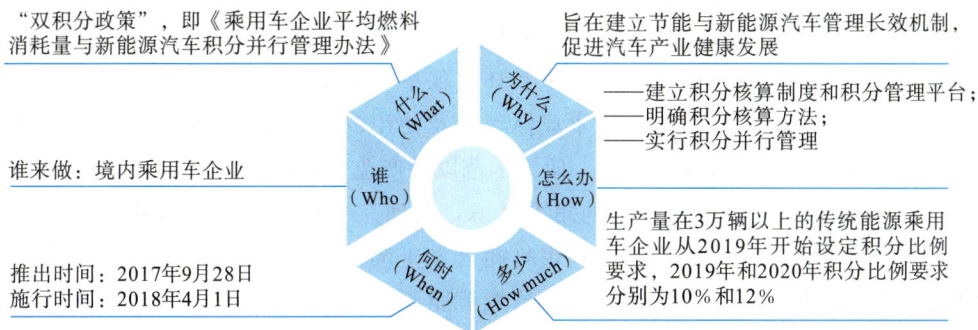

"双积分政策",即《乘用车企业平均燃料消耗量与新能源汽车积分并行管理办法》

旨在建立节能与新能源汽车管理长效机制,促进汽车产业健康发展

什么(What)
为什么(Why)

——建立积分核算制度和积分管理平台;
——明确积分核算方法;
——实行积分并行管理

谁来做:境内乘用车企业

谁(Who)
怎么办(How)

推出时间:2017年9月28日
施行时间:2018年4月1日

何时(When)
多少(How much)

生产量在3万辆以上的传统能源乘用车企业从2019年开始设定积分比例要求,2019年和2020年积分比例要求分别为10%和12%

图1-3-4　汽车双积分政策的含义

实施双积分政策的意义如图1-3-5所示。

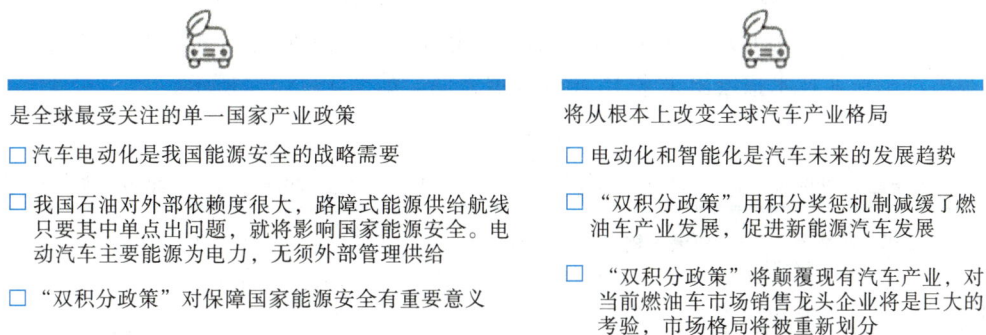

是全球最受关注的单一国家产业政策

□ 汽车电动化是我国能源安全的战略需要

□ 我国石油对外部依赖度很大,路障式能源供给航线只要其中单点出问题,就将影响国家能源安全。电动汽车主要能源为电力,无须外部管理供给

□ "双积分政策"对保障国家能源安全有重要意义

将从根本上改变全球汽车产业格局

□ 电动化和智能化是汽车未来的发展趋势

□ "双积分政策"用积分奖惩机制减缓了燃油车产业发展,促进新能源汽车发展

□ "双积分政策"将颠覆现有汽车产业,对当前燃油车市场销售龙头企业将是巨大的考验,市场格局将被重新划分

图1-3-5　实施双积分政策的意义

2. 新能源汽车发展的前景

(1)选择适合国情的技术。如图1-3-6所示,国家对我国新能源汽车做了"三纵三横"的研发布局:三纵是纯电动汽车、插电式混合动力(含增程式)汽车和燃料电池汽车;三横是动力电池与管理系统、驱动电机与电力电子、网联化与智能化技术。

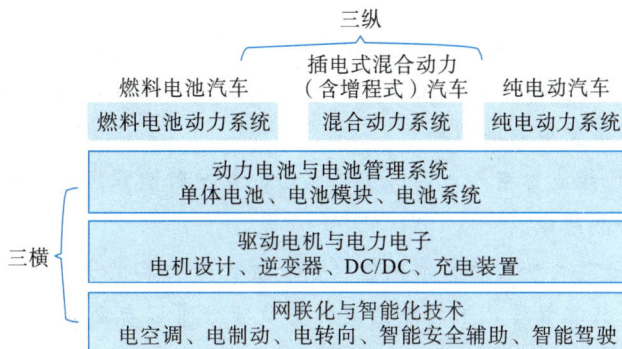

三纵

燃料电池汽车　　插电式混合动力(含增程式)汽车　　纯电动汽车

燃料电池动力系统　　混合动力系统　　纯电动力系统

三横

动力电池与电池管理系统
单体电池、电池模块、电池系统

驱动电机与电力电子
电机设计、逆变器、DC/DC、充电装置

网联化与智能化技术
电空调、电制动、电转向、智能安全辅助、智能驾驶

图1-3-6　新能源汽车产业格局

因此，发展自主新型能源汽车的技术，首先要遵循客观规律，实事求是，应立足于解决实际问题，既要考虑其适用性，关键在于取得实效，加强在该领域的研发能力，早日掌握核心技术并形成一批稳定的产品供应链，为日后企业的产业化和规模化夯实基础；其次，既要有利于国家能源安全和环境保护，又不能影响国计民生和国家政治稳定大局；最后，应根据相关的技术成熟程度及使用的客观条件，区分不同时期和阶段，选择相应技术进行研发、试验、使用示范以及产业化和商业化。

(2)政策的协调发展。从能源的角度考虑，电动汽车和混合动力车更有未来前景。如果改用此类汽车，能源的供应方式也将随之发生改变。无论是燃料电池车还是混合动力车，其成本价格都高于传统汽车。虽然新能源汽车在节能环保等方面都具有诸多优势，但由于其使用成本高，要在市场上占有一席之地，没有政府补贴和相关配套鼓励措施，是很困难的。

2016年10月26日，由500多位行业专家历时一年多研究编制的《节能与新能源汽车技术路线图》正式发布。《中国制造2025》将节能与新能源汽车列为重点发展十大领域之一，汽车强国正式上升为国家战略。而《节能与新能源汽车技术路线图》的发布，则为我国汽车产业技术描绘出未来15年的发展蓝图，如图1-3-7所示。

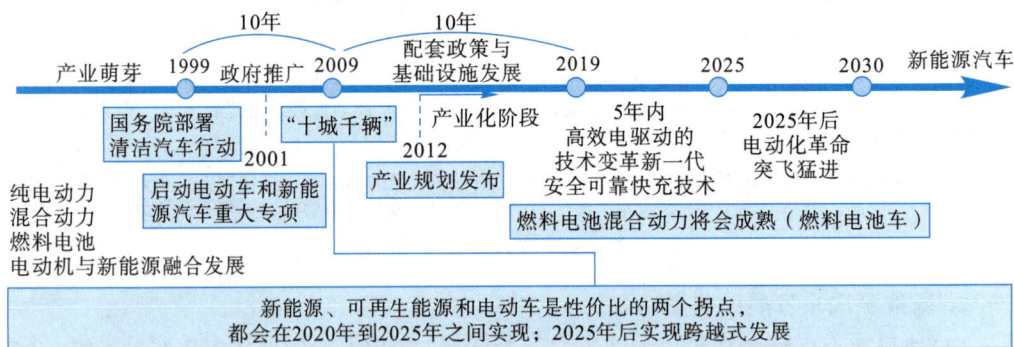

图1-3-7 新能源汽车发展趋势

任务总结

(1)从环境保护与能源节约的角度，新能源汽车是未来汽车发展的必然趋势，也是我国未来社会与经济发展的必然要求。

(2)汽车尾气已经成为空气污染的重要原因，开发新能源汽车，减少环境污染，是汽车技术发展的必然趋势。

(3)汽车双积分就是平均燃料消耗量积分＋新能源汽车积分。政府从两个方面对乘用车企业进行积分核算管理，平均燃油消耗量负积分可以与新能源汽车积分之间进行交易、抵偿、转让等。

(4)国家对我国新能源汽车做了"三纵三横"的研发布局：三纵是纯电动汽车、插电式混合动力(含增程式)汽车和燃料电池汽车；三横是动力电池与管理系统、驱动电机与电力电子和网联化与智能化技术。

思考题

1. 填空题

(1)汽车尾气中的_____、_____和颗粒物对人类健康会产生直接危害。

(2)从_____与_____的角度，新能源汽车是未来汽车发展的必然趋势，也是我国未来社会与经济发展的必然要求。

(3)汽车双积分就是_____积分＋_____积分。

(4)国家对新能源汽车做了"_____"的研发布局：三纵是_____、_____和_____汽车；三横是_____、_____和_____系统。

2. 简答题

(1)为什么要发展新能源汽车？

(2)发展自主新型新能源汽车要注意哪些问题？

动力蓄电池及电源管理系统

任务 2.1 动力蓄电池系统

情景导入

某品牌动力蓄电池制造商在给新入职的员工进行技术培训。

张同学：新能源汽车上装配的动力蓄电池都一样吗？

王老师：新能源汽车的关键技术之一就是动力蓄电池，动力蓄电池的好坏一方面决定着电动汽车的制造成本，另一方面也决定着电动汽车的动力性和续驶里程。不同品牌、不同用途、不同价位的新能源汽车上所采用的动力蓄电池也各不相同。

学习目标

(1)掌握电池的分类。

(2)掌握电池的主要性能指标及动力蓄电池分类。

(3)掌握镍氢电池、锂离子电池的结构、工作原理及特点。

(4)了解其他类型的动力蓄电池。

(5)培养良好的职业道德与安全环保意识。

2.1.1 电池分类

电池的种类很多，可按不同的标准进行分类。

1. 按电解液种类不同划分

按电解液的种类不同，电池可分为以下几种。

(1)碱性电池。其电解质主要以氢氧化钾水溶液为主，如碱性锌锰电池(俗称碱锰电池或碱性电池)、镍镉电池、镍氢电池等。

（2）酸性电池。酸性电池主要以硫酸水溶液为介质，如铅酸电池等。

（3）中性电池。中性电池以盐溶液为介质，如锌锰电池、海水电池等。

（4）有机电解液电池。有机电解液电池主要以有机溶液为介质，如锂离子电池等。

2. 按工作性质划分

按工作性质不同，电池可分为以下几种。

（1）原电池。原电池即放电后不能再充电使用的电池，日常生活使用的电池大多属于这种电池。

（2）蓄电池。蓄电池即放电后可以反复充电使用的电池，如铅酸电池、镍镉电池、镍氢电池、锂离子电池等。

（3）燃料电池。燃料电池中，活性材料在电池工作时连续不断地从外部加入电池，如氢氧燃料电池、金属燃料电池等。

（4）储备电池。储备电池储存时电极板不直接接触电解液，直到电池使用时，才加入电解液，如镁-氯化银电池，又称海水激活电池。

3. 按正负极材料不同划分

按电池所用正、负极材料不同，电池可分为以下几种。

（1）锌系列电池，如锌锰电池、锌银电池等。

（2）镍系列电池，如镍镉电池、镍氢电池等。

（3）铅系列电池，如铅酸电池。

（4）锂系列电池，如锂离子电池、锂聚合物电池和锂硫电池。

（5）二氧化锰系列电池，如锌锰电池、碱锰电池等。

（6）空气（氧气）系列电池，如锌空气电池、铝空气电池等。

电池的种类虽然很多，但适合为新能源汽车提供动力来源的电池却不多，所以本节主要介绍目前被新能源汽车广泛使用的动力蓄电池的工作原理及应用情况。

目前电动汽车常用的电池主要有铅酸电池、镍氢电池、锂离子电池、燃料电池、超级电容器和飞轮电池等。

2.1.2　动力蓄电池主要性能指标

动力蓄电池是电动汽车的储能装置，要评定动力蓄电池的实际效应，主要是看其性能指标。动力蓄电池性能指标主要有电压、内阻、容量、能量、功率、自放电率、使用寿命等，根据动力蓄电池种类不同，其性能指标也有差异。

1. 电压

电压是指动力蓄电池正负极间的电位差，单位为 V（伏特）。根据检测工况的不同，电压分为如下 5 种。

（1）标称电压：又称额定电压，是由厂家指定的用于标识电池的适宜的电压近似值。

(2)开路电压：蓄电池在开路条件下的端电压。开路电压是指电池在没有连接外电路或负载时的电压。开路电压与电池剩余电量有一定的联系，剩余电量显示利用的就是这个原理。

(3)负载电压：又称工作电压，是蓄电池接上负载后处于放电状态下的端电压。在电池放电工作状态下，当电流流过电池内部时，必须克服内阻，因此工作电压总是低于开路电压。

(4)充电终止(截止)电压：蓄电池正常充电时允许达到的最高电压。蓄电池充满电时，极板上的活性物质已达到饱和状态，再继续充电，电池的电压也不会上升，此时的电压即为充电终止电压。铅酸电池的充电终止电压为 $2.7\sim2.8$ V，镍氢电池的充电终止电压为 1.5 V，锂离子电池的充电终止电压为 4.25 V。

(5)放电终止(截止)电压：蓄电池正常放电时允许达到的最低电压。电池在一定标准所规定的放电条件下放电时，电池的电压将逐渐降低，当电池不宜再继续放电时，电池的最低工作电压即为放电终止电压。如果电压低于放电终止电压后电池继续放电，电池两端电压会迅速下降，形成深度放电。这样，极板上形成的生成物在正常充电时就不易再恢复，从而影响电池的寿命。放电终止电压和放电率有关，放电电流直接影响放电终止电压。在规定的放电终止电压下，放电电流越大，电池的容量越小。镍氢电池的放电终止电压为 1 V，锂离子电池的放电终止电压为 3.0 V。

根据动力蓄电池检测对象不同，电压有单体蓄电池电压、蓄电池模块电压和电池包电压。单体蓄电池是指直接将化学能转化为电能的基本单元装置，包括电极、隔膜、电解质、外壳和端子，并被设计成可充电，也称为电芯。蓄电池模块是指将一个以上单体蓄电池按照串联、并联或串并联组合，且只有一对正负极输出端子，并作为电源使用的组合体。蓄电池模块也称作蓄电池组。电池包通常包括蓄电池组、蓄电池管理系统、蓄电池箱及相应附件，具有从外部获得电能并可以对外输出电能的单元。

2. 内阻

电池的内阻是指电流流过电池内部时所受到的阻力，一般是蓄电池中电解质、正负极群、隔板等电阻的总和。电池内阻越大，电池自身消耗掉的能量越多，电池的使用效率越低。内阻很大的电池在充电时发热很严重，使电池的温度急剧上升，对电池和充电机的影响都很大。随着电池使用次数的增多，由于电解液的消耗及电池内部化学物质活性的降低，蓄电池的内阻会有不同程度的升高。

3. 容量

电池的容量是指完全充电的蓄电池在规定条件下所能释放出的总容量，通常用字母 C 来表示，其单位为安时(A·h)或者毫安时(mA·h)，等于放电电流与放电时间的乘积。例如，容量为 10 A·h 的蓄电池，以 5 A 电流放电可放 2 h，以 10 A 电流放电可放 1 h。单元电池内活性物质的数量决定单元电池含有的电荷量，而活性物质的含量则由电池使用的材料和体积决定，通常电池体积越大，容量越高。电池容量一般有额定容量、n 小时率容量、初始容量、可用容量、理论容量等。

(1)额定容量：在规定条件下测得的并由制造商标明的电池容量值。

(2)n 小时率容量：完全充电的蓄电池以 n 小时率放电电流放电，达到规定终止条件时所释放的容量。

(3)初始容量：新出厂的动力蓄电池在室温下，完全充电后，以 1 小时率放电电流放电至企业规定的放电终止条件时所放出的容量。

(4)可用容量：在规定条件下，从完全充电的蓄电池中释放的容量值。

(5)理论容量：假设活性物质完全被利用，蓄电池可释放的容量值。

4. 能量

能量是指在一定的放电条件下，蓄电池输出的能量，单位为 W·h 或 kW·h。能量主要有以下 2 种衡量方式。

(1)额定能量：室温下完全充电的蓄电池，以 1 小时率电流放电，达到放电终止电压时放出的能量(W·h)，它影响电动汽车的续驶里程。

(2)能量密度(比能量)：从蓄电池的单位质量或单位体积所获取的电能，用 W·h/kg(质量能量密度)、W·h/L(体积能量密度)来表示。

5. 功率

功率指在一定的放电条件下，蓄电池在单位时间输出的电能(W 或 kW)。

功率密度(比功率)：从蓄电池的单位质量或单位体积所获取的输出功率，用 W·h/kg(质量功率密度)、W·h/L(体积功率密度)来表示。

能量密度和功率密度的区别在于，蓄电池的功率密度一定程度地决定了汽车的加速性、爬坡性及最高车速，而蓄电池的能量密度决定了汽车一次充电后的续驶里程。蓄电池的重量也一定程度地影响了汽车的驱动力，而电池的体积决定了汽车各部件在汽车底盘的布局空间。因此希望电动汽车比功率和比能量都能较大。

6. 自放电

自放电是指蓄电池内部自发的或不期望的化学反应造成可用容量自动减少的现象。

自放电率是指电池在存放期间容量的下降率，即电池无负荷时自身放电使容量损失的速度，它表示蓄电池搁置后容量变化的特性。自放电率用储存后电池容量降低的百分数表示，其表达式为

$$自放电率 = \frac{储存前电池容量 - 储存后电池容量}{储存前电池容量} \times 100\%$$

一定程度的自放电属于正常现象，自放电率主要由电池材料、制造工艺、储存条件等多方面的因素决定。一般来说，低温和低湿的环境条件下，电池的自放电率低，

有利于电池的储存。但是温度太低也可能造成电极材料的不可逆变化，使电池的整体性能大大降低。

7. 放电倍率

放电倍率用来表示电池放电时电流大小的比率，即倍率。

$$放电倍率＝放电电流/额定容量$$

例如，额定容量为 100 A·h 的电池用 20 A 放电时，其放电倍率为 0.2C。电池放电倍率的 1C、2C、0.2C 是指电池的放电速率，表示放电快慢的一种量度。所有的容量 1 h 放电完毕，称为 1C 放电；5 h 放电完毕，则称为 1/5＝0.2C 放电；对于 24 A·h 电池来说，2C 放电电流为 48 A，0.5C 放电电流为 12 A。

根据放电倍率的大小，可分为低倍率（＜0.5C）、中倍率（0.5C～3.5C）、高倍率（3.5C～7.0C）、超高倍率（＞7.0C）。

8. 荷电状态

电池荷电状态（State of Charge，SOC）用于描述电池的剩余电量，是电池使用过程中的重要参数，此参数与电池的充放电历程和充放电电流大小有关。荷电状态值是个相对量，一般用百分比的方式来表示。

$$SOC＝\frac{C_\mu}{C_{额}}\times 100\%$$

式中 $C_{额}$——额定容量；

C_μ——电池剩余的按额定电流放电的可用容量。

9. 放电深度 DOD

在电池的使用过程中，电池放出的容量占其额定容量的百分比称为放电深度，简称 DOD（Depth of Discharge）。它与 SOC 之间存在如下数学计算关系：

$$DOD＝1－SOC$$

例如，容量为 10 A·h 的蓄电池，放电后容量变为 2 A·h，即 DOD 为 80%，SOC 为 20%。

放电深度的高低与二次电池的充电寿命有很深的关系，二次电池的放电深度越深，其充电寿命就越短，因此在使用时应尽量避免深度放电。

10. 使用寿命

使用寿命是描述动力蓄电池可使用时间的通用术语，可以表示为工作循环数或时间，是指电池在规定条件下的有效寿命期限。电池发生内部短路或损坏而不能使用，以及容量达不到规范要求时电池使用失效，这时电池的使用寿命终止。使用寿命主要有循环寿命和日历寿命。

循环寿命是在指定的充放电终止条件下，以特定的充放电制度进行充放电，动力蓄电池在不能满足寿命终止标准前所能进行的循环数。

循环充电电池经历一次充电与放电的过程，称为一个循环或一个周期。在一定的充放电制度下，电池容量降低到某一规定值时，电池所能经受的循环次数，称为蓄电池的循环寿命。在每个充放电循环中，电池中的化学活性物质会慢慢老化变质，活性衰减，化学功能减弱，使得电池的充放电效率逐渐下降，最后电池丧失功能而报废。蓄电池的循环周期与其充电和放电的形式、使用环境温度和放电深度有关，放电深度"浅"时，有助于延长电池的寿命。蓄电池在电动汽车上的使用环境、电池组中各个电池的均衡性以及安装方式等均会影响电池的使用寿命。

日历寿命是指动力蓄电池在不能满足寿命终止标准前能够接受指定操作的时间。

11. 安全防护

安全防护包括各种安全要求（振动、机械冲击、跌落、翻滚、碰撞、挤压、温度冲击、湿热循环、海水浸泡、外部火烧、盐雾腐蚀、高海拔安全、过温保护、短路保护、过充电保护、过放电保护）以及各种操作安全要求等。

常见动力蓄电池性能比较见表2-1-1。

表2-1-1 常见动力蓄电池性能比较

项目	磷酸铁锂电池	锰酸锂电池	铅酸电池	镍氢电池
单体电压/V	3.2	3.7	2	1.25
比能量/(W·h/kg)	110~130	120~150	30~50	70~120
循环寿命/次	>2 000	600~1 000	250~350	600~800
高温性能(>55 ℃)	优异	一般	一般	较好
-10 ℃容量保持率/%	70	80	60~70	70~80
最佳放电倍率/C	1	1	0.2	0.5
最大放电倍率/C	30	30	20	30
常温28天自放电率/%	10	10	5	30
充放电效率/%	99	99	80	90
过充性能	较好	差	好	差
安全性	好	较好	好	较好
环保性能	无污染	无污染	污染	轻污染

2.1.3 常用动力蓄电池的结构原理

电动汽车目前广泛使用的动力蓄电池有镍氢电池和锂离子电池等。

1. 镍氢电池

镍氢电池是在镍镉电池的基础上发展起来的，相比镍镉电池，其最大的优点是不存在重金属污染。镍氢电池于 1988 年进入实用化阶段，1990 年在日本开始规模生产。现阶段在新能源汽车上应用最多的是以储氢合金为负极材料的镍氢电池，这种电池技术成熟、比功率大、寿命长、基本无记忆效应且工作温度范围宽，是混合动力汽车用动力蓄电池的主体，如丰田普锐斯电动汽车用的就是镍氢电池。

1）镍氢电池的结构

镍氢电池的正极材料和镍镉电池一样，也是球形氢氧化镍，负极板的主要材料是储氢合金。一个完整的单体镍氢电池由正极材料、负极材料以及具有保液能力和良好透气性的隔膜、碱性电解液、金属壳体，具有自动密封的安全阀及其他部件组成，如图 2-1-1 所示。采用隔膜相互隔离开的正、负极板呈螺旋状卷绕在壳体内，壳体用盖帽进行密封，在壳体和盖帽之间用绝缘材质的密封圈隔开。

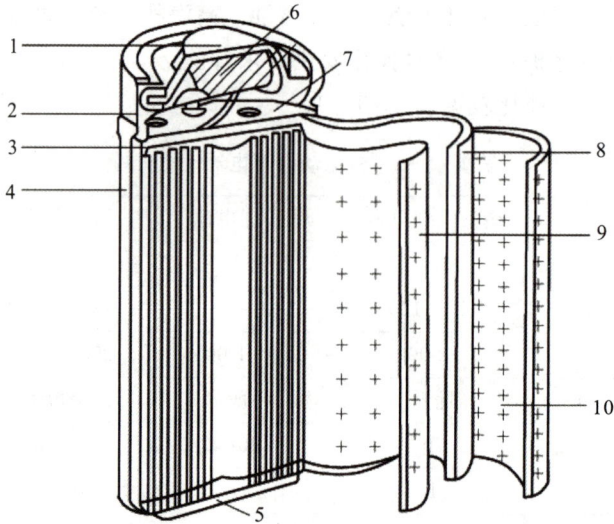

1—正极盖帽；2—胶圈；3—集流体；4—电池钢壳（负极）；5—底部绝缘片；
6—安全防爆孔；7—顶部绝缘片；8—隔膜纸；9—镍正极片；10—金属氢氧化物负极片。

图 2-1-1　镍氢电池

负极板的储氢合金在进行吸氢/放氢化学反应（可逆反应）的过程中，也伴随着放热/吸热的热反应（可逆反应），同时产生充电/放电的电化学反应（可逆反应）。具有实用价值的储氢合金具有储氢量大、容易活化、吸氢/放氢的化学反应速率快、使用寿命长及成本低等特性。

2）镍氢电池的工作原理

如图 2-1-2 所示，镍氢电池正极板的活性物质为 $NiOOH$（放电时）和 $Ni(OH)_2$（充电时），负极板的活性物质为 H_2（放电时）和 H_2O（充电时），电解液采用 30% 的氢氧化钾溶液，其电化学反应如下：

负极反应式：$x\mathrm{H_2O}+\mathrm{M}+xe^-\underset{\text{放电}}{\overset{\text{充电}}{\rightleftharpoons}}x\mathrm{OH}^-+\mathrm{MH}_x$；

正极反应式：$\mathrm{Ni(OH)_2}+\mathrm{OH}^-\underset{\text{放电}}{\overset{\text{充电}}{\rightleftharpoons}}\mathrm{NiOOH}+\mathrm{H_2O}+e^-$；

电池总反应式：$x\mathrm{Ni(OH)_2}+\mathrm{M}\underset{\text{放电}}{\overset{\text{充电}}{\rightleftharpoons}}x\mathrm{NiOOH}+\mathrm{MH}_x$。

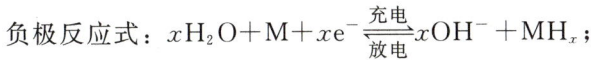

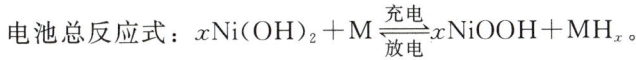

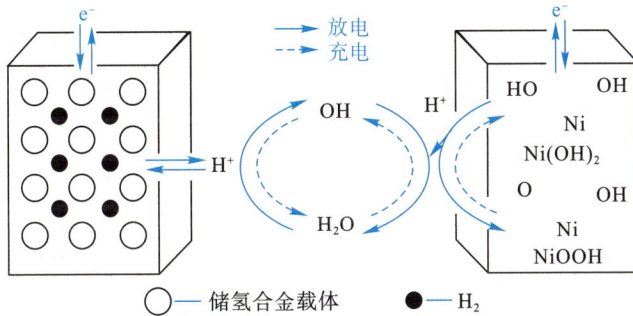

图 2-1-2　镍氢电池工作原理

　　镍氢电池的反应与镍镉电池相似，只是负极充、放电过程中生成物不同。镍氢电池在充、放电过程中，正、负极板在进行电化学反应时不发生任何中间态的可溶性金属离子，电解液中没有任何组分消耗和生成，因而镍氢电池可以做成密封型结构。

　　镍氢电池的电解液多采用 KOH 水溶液，并加入少量的 LiOH，隔膜采用多孔维尼纶无纺布或尼龙无纺布等。镍氢电池放电时，正极上 NiOOH 得到电子还原成为 $\mathrm{Ni(OH)_2}$；负极金属氢化物（$\mathrm{MH}x$）内部的氢原子扩散到表面形成吸附态氢原子，接着再发生电化学反应生成水和储氢合金。

　　在镍氢电池出现过放电时，正极活性物质中的 NiOOH 已经消耗完了，这时正极上会发生水分子被还原为 H^+ 和 OH^-。负极上由于储氢合金的催化作用，使 OH^- 与 H^+ 反应又生成水。

3）镍氢电池型号

　　通常在电池体上看到的 AAA、AA、C、D、N、F、SC 等字母都是美国型号标识。在我国除了按数字编号之外，其他还是采用美国的命名方式。此外，针对二次锂电池的型号表示方法是采用五位数（圆柱形）或六位数（方形），如 14500、103450 等。常见电池型号、尺寸对照见表 2-1-2。

　　平头电池的正极是平的，没有突起，主要适用于做电池组点焊使用的电池芯。一般同等型号尖头的电池（可以用作单体蓄电池供电的），在高度上就多了 0.5 mm，以此类推。在很多时候电池并不是规规矩矩的 AAA、AA、A、SC、C、D、N、F 这些主型号，前面还时常有分数 1/3、2/3、1/2、3/2、4/5、5/4、7/5，这些分数表示的是电池体与标准型号相对应的高度。例如 2/3AA 就是表示高度是一般 AA 电池的 2/3，再如 4/5A 就是表示高度是一般 A 电池的 4/5。

表 2-1-2　常见电池型号、尺寸对照

序号	美国型号	中国型号	尺寸（平头）
1	AAAA	AAAA	高度(41.5±0.5)mm，直径(8.1±0.2)mm
2	AAA	7 号	高度(43.6±0.5)mm，直径(10.1±0.2)mm
3	AA	5 号	高度(48.0±0.5)mm，直径(14.1±0.2)mm
4	A	A	高度(49.0±0.5)mm，直径(16.8±0.2)mm
5	SC	SC	高度(42.0±0.5)mm，直径(22.1±0.2)mm
6	C	2 号	高度(49.5±0.5)mm，直径(25.3±0.2)mm
7	D	1 号	高度(59.0±0.5)mm，直径(32.3±0.2)mm
8	N	N	高度(28.5±0.5)mm，直径(11.7±0.2)mm
9	F	F	高度(89.0±0.5)mm，直径(32.3±0.2)mm

4）IEC 镍氢/镍镉电池标识

根据国际电工委员会（International Electrotechnical Commission，IEC）标准规定，镍镉和镍氢电池标志由五部分组成。

（1）电池种类。①KR——镍镉电池；②HF——方形镍氢电池；③HR——圆形镍氢电池。

（2）电池尺寸。圆形电池尺寸表示为直径/高度，方形电池尺寸表示为高度/宽度/厚度，数值之间用斜杠隔开，单位为 mm。

（3）放电特性符号。①L——适宜放电电流倍率为 0.5C 以内；②M——适宜放电电流倍率为(0.5～3.5)C；③H——适宜放电电流倍率为(3.5～7.0)C；④X——电池能在(7～15)C高倍率的放电电流下工作。

（4）高温电池符号，用 T 表示。

（5）电池连接片。①CF——无连接片；②HH——电池带串联连接片；③HB——电池带并联连接片。

例如：HF18/07/49 表示方形镍氢电池，宽度为 18 mm，厚度为 7 mm，高度为 49 mm；KRMT33/62HH 表示镍镉电池，放电电流倍率为(0.5～3.5)C，高温系列单体蓄电池，无连接片，直径为 33 mm，高度为 62 mm。

5）比亚迪镍氢/镍铬电池标志

比亚迪镍氢/镍铬电池标志通常也由五部分组成。

（1）电池类型。

①D——镍铬电池；

②H——镍氢电池。

(2)电池型号。电池型号分别有 A、AA、AAA、AAAA、SC、C、D、N 等多种型号。

(3)电池标称容量。

(4)电池特性。①A——尖头电池；②B——平头电池；③H——高温电池；④P——可用于大电流放电。

(5)组合电池的单体个数。

例如：DAA800H×5、HSC2200P×3、DAA800B×3 中 5、3、3 即为该组合电池的单体个数。

6)镍氢电池应用特性

大功率镍氢电池广泛用于油电混合动力汽车，最具代表性的例子就是丰田普锐斯，该车使用了特别的充放电程序，使电池充放电寿命可达 10 年。虽然密度比锂离子电池低，但由于对安全保护、温度控制等要求更低，因此仍然有部分纯电动汽车使用镍氢电池。

就单体蓄电池电压来看，镍氢与镍镉电池的标称电压都是 1.2 V，而锂电池标称电压为 3.6 V。镍氢电池应用特性见表 2－1－3。

表 2－1－3　镍氢电池应用特性

序号	应用特性
1	质量比功率高。目前商业化的镍氢功率型电池能达到 1 350 W·h/kg
2	循环次数多。目前应用在电动车上的镍氢动力电池，80％放电深度(DOD)循环可达 1 000 次，为铅酸电池的 3 倍以上。100％DOD 循环寿命也在 500 次以上，在混合动力汽车中可使用 5 年以上
3	无污染，不含铅、镉等对人体有害的金属，为 21 世纪绿色环保电源
4	耐过充过放，无记忆效应
5	使用温度范围宽，正常使用温度范围为 －30～55 ℃，贮存温度范围为 －40～70 ℃
6	安全、可靠，在短路、挤压、针刺、安全阀工作能力、跌落、加热、耐振动等安全性和可靠性试验中无爆炸、燃烧现象

2. 锂离子电池

锂离子电池是目前电动车上最常用的电池种类之一。锂离子电池已成为未来电动汽车较为理想的动力电源。目前在电动汽车上配备的锂电池主要有锰酸锂电池、磷酸铁锂电池及三元锂聚合物电池。

1)基本结构

锂离子电池主要由正极、负极、电解质、隔膜板、外壳和安全阀等组成，如图 2－1－3 所示。

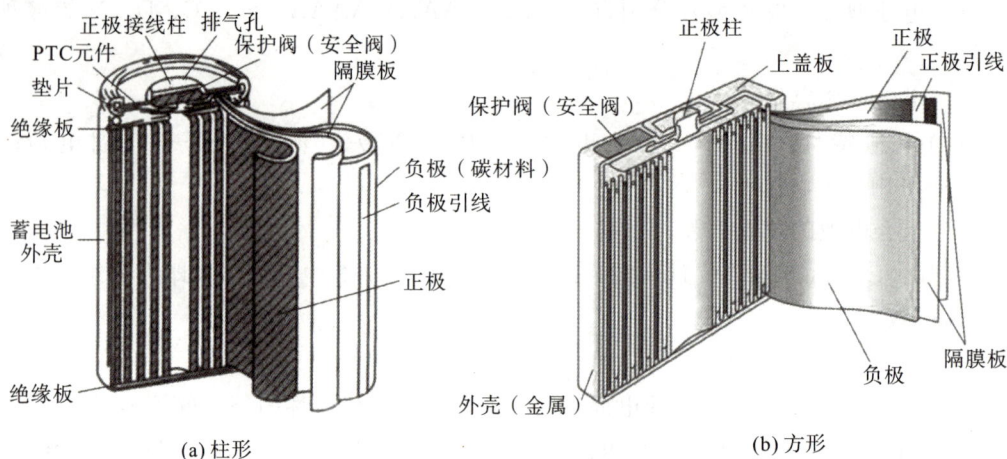

图 2 - 1 - 3　锂离子电池的基本结构

（1）正极。正极材料常采用能使锂离子较为容易地嵌入和脱出，并能同时保持结构稳定的过渡金属氧化物，常见的主要有钴酸锂、锰酸锂、磷酸铁锂、镍钴锰酸锂、镍钴酸锂等及其混合物。

锂离子电池多以正极材料作为命名的标准，例如磷酸铁锂电池，就是指用磷酸铁锂作为正极材料的锂离子电池；三元锂电池是指正极材料使用镍钴锰酸锂的锂离子电池，是以镍盐、钴盐、锰盐为原料，其中镍钴锰的比例可以根据实际需要调整；此外还有用钴酸锂和锰酸锂作为动力电池正极材料的锂离子电池。但钛酸锂电池却打破以石墨为负极材料的传统电池技术路线，改以钛酸锂为负极材料。

（2）负极。负极材料是决定锂离子电池综合性能优劣的关键因素之一，负极材料选择电位尽可能接近锂电位的可嵌入锂化合物，如各种碳材料包括天然石墨、合成石墨、碳纤维、中间相小球碳素和金属氧化物等。

（3）电解质。电解质一般采用溶解有锂盐的有机制剂，可分为液态锂离子电池（Lithium Ion Battery，LIB）和聚合物锂离子电池（Polymer Lithium Ion Battery，LIP）两大类。它们的主要区别在于电解质的状态不同，液态锂离子电池使用的是液体电解质，而聚合物锂离子电池则以聚合物电解质来代替。不论是液态锂离子电池还是聚合物锂离子电池，它们所用的正负极材料都是相同的，工作原理也基本一致。

（4）隔膜板。隔膜板主要用于隔绝正负极以防止两电极短路及自放电，同时为两电极间提供良好的离子通道。目前，应用比较广泛的隔膜板主要有 PP - PE - PP 多层隔膜板、聚合物陶瓷涂覆隔膜板以及无纺布隔膜板等。

（5）外壳。外壳采用钢或铝材料制成，盖体组件具有防爆、断电的功能。

（6）安全阀。为了保证锂离子电池的使用安全性，一般对外部电路进行控制或者在蓄电池内部设有异常电流切断的安全装置。即使这样，在使用过程中也有可能因其他原因引起蓄电池内压异常上升，此时安全阀释放气体，以防止蓄电池破裂。安全阀实际上是一次性非修复式的破裂膜，一旦进入工作状态即可保护蓄电池使其停止工作，因此，安全阀是蓄电池的最后保护手段。

2）工作原理

虽然锂离子电池种类繁多，但工作原理大致相同。目前锂离子电池常用磷酸铁锂和镍钴锰酸锂三元材料制成。这些材料的分子形成了纳米等级的细小晶体格子结构，可用来嵌入储存锂原子。即便是电池外壳破裂，接触氧气，也会因氧分子太大，无法进入这些细小的晶体格子内，使得锂原子不会与氧气接触而剧烈反应导致爆炸。锂离子电池的这种结构，使得在获得高容量密度的同时，达到保证安全的目的。

锂离子电池充电时，正极的锂原子会丧失电子，在有外电路连接的情况下，就会形成电流，此时锂原子氧化为锂离子并经由电解液游到负极去，进入负极的储存晶格，并获得一个电子，还原为锂原子。放电时，整个过程相反。为了防止电池的正负极直接碰触而短路，电池正负极之间有一层带有微孔的有机隔膜。有机隔膜微孔直径只允许锂离子往复通过，由于电子直径比锂离子直径大，不能通过隔膜。隔膜还可以在电池温度过高时，自动关闭微孔，让锂离子无法穿越，防止危险发生。锂离子电池的工作原理如图 2-1-4 所示。

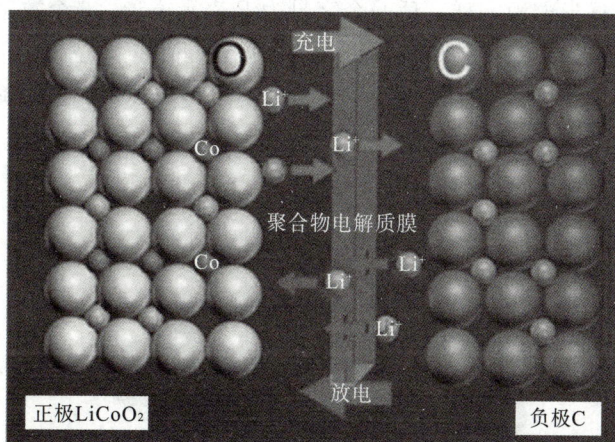

图 2-1-4　锂离子电池的工作原理

当锂离子电池充电时，在外加电场的影响下，正极材料分子内的锂元素被氧化脱离出来，变成带正电荷的锂离子，在电场力的作用下从正极移动到负极，锂离子迁移并以原子形式嵌入电极材料碳中，与负极的碳原子发生化学反应。从正极出来的锂离子嵌入到负极的石墨层状结构当中，从正极出来转移到负极的锂离子越多，这个电池可以存储的能量就越多。

放电时刚好相反，内部电场转向，锂离子从负极脱离出来，顺着电场的方向又回到正极，重新变成钴酸锂分子。从负极出来转移到正极的锂离子越多，电池可以释放的能量就越多。

在每一次充放电循环过程中，锂离子充当电能的搬运载体，周而复始地从正极→负极→正极来回移动，与正、负极材料发生化学反应，将化学能和电能相互转换，实现了电荷的转移。锂离子电池就是因锂离子在充放电时来回迁移而命名的，所以锂离子电池又称作摇椅电池。

3)锂离子电池型号

不同的锂电池厂家有不同的命名规则，但通用型电池厂家都遵循统一的标准，根据电池名称就可以知道电池的尺寸等信息。根据国际电工委员会规定，圆柱形和方形电池的型号规则如下。

(1)圆柱形电池用8个字符表示，前3个为字母，后5个为数字。3个字母中，第一个字母表示负极材料，其中，I表示有内置的锂离子，L表示锂金属或锂合金电极；第二个字母表示正极材料，其中，C表示钴，N表示镍，M表示锰，V表示钒；第三个字母为R表示圆柱形。5个数字中，前2个数字表示直径，后3个数字表示高度，单位都为mm。

(2)方形电池用9个字符表示，前3个为字母，后6个为数字。3个字母中，前两个字母的意义和圆柱形电池一样，后一个字母为P表示方形。6个数字中，前2个数字表示厚度，中间2个表示宽度，后面2个表示高度(长度)，单位也为mm。

例如：ICR 18650电池就是直径为18 mm，高度为65 mm的圆柱形电池；ICP 053353电池就是厚度为5 mm，宽度为33 mm，高度(长度)为53 mm的方形电池。锂离子电池实物图如图2-1-5所示。

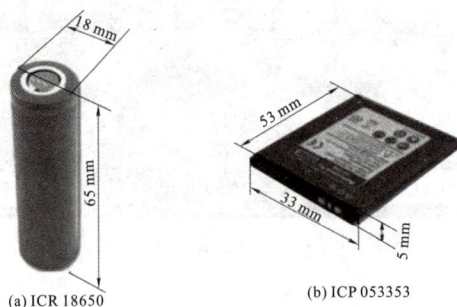

(a) ICR 18650   (b) ICP 053353

图 2-1-5　锂离子电池实物图

4)锂离子电池的性能特点

(1)充放电特性。锂离子电池充电从安全、可靠及兼顾充电效率等方面考虑，通常采用两段式充电方法。第一阶段为恒流限压，第二阶段为恒压限流。锂离子电池充电的最高限压值根据正极材料不同而有一定的差别。锂离子电池基本充放电电压曲线如

图 2-1-6 所示。图中曲线采用的充放电电流均为 0.3C，其中 AB 段为充电电压变化曲线，BC 段为放电前期电压变化曲线，CD 段为放电后期电压变化曲线。

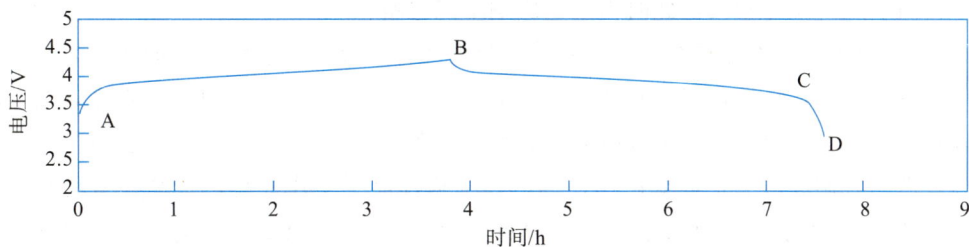

图 2-1-6 锂离子电池基本充放电电压曲线

从电动汽车实际应用角度出发，恒流时间越长，充电时间越短，越有利于应用。此外锂离子电池在放电中前期电压稳定、下降缓慢，但在放电后期电压下降迅速，如图 2-1-6 中 CD 段所示，因此在此阶段要进行有效控制，防止过度放电，造成电池的不可逆损害。

影响充电特性的主要因素有充电电流、放电深度和充电温度。充电电流大的内阻能耗大，在实际电池应用中，应综合考虑充电时间和效率，选择适中的充电电流。而放电深度增加，充电所需时间增加，恒流充电时间所占总充电时间比例增加，恒流充电容量占所需充入容量的比例增加；随环境温度降低，电池的可充入容量明显降低，而充电时间明显增加。

影响放电特性的因素主要是电流。在同样的温度、放电终止电压下，不同的放电电流，可放出的容量和能量有一定的差别。电流越小，可放出容量越多。

（2）安全性。锂离子电池在热冲击、过充、过放和短路等频发的情况下，其内部的活性物质及电解液等组分间将发生化学、电化学反应，产生大量的热量与气体，使得电池内部压力增大，在一定程度下可能导致电池着火，甚至爆炸。

提高锂离子电池安全性的措施有以下两种。

①使用安全型锂离子电池电解质，如采用阻燃电解液，使用固体电解质，代替有机液态电解质等。

②提高电极材料热稳定性。一种方法是包覆负极材料的表面，如在石墨表面包覆无定形碳或金属层；另一种方法是在电解液中添加成膜添加剂，在电极材料表面形成稳定性较高的固体电解质界面膜，有利于获得更好的热稳定性。此外还可以通过体相掺杂、表面处理等手段提高正极材料热稳定性。

（3）温度对锂离子电池使用性能的影响。

①温度对可用容量比率的影响。正常应用温度范围内，锂离子电池温度越高，工作电压平台越高，电池的可用容量越多。但是长期在高温下工作会造成锂离子电池的容量迅速下降，从而影响电池的使用寿命，并极有可能造成电池热失控。

②温度对电池内阻的影响。直流内阻是表征动力电池性能和寿命状态的重要指标。电池内阻较小，在许多工况常常忽略不计，但动力蓄电池处于电流大、深放电工作状态，内阻引起的压降较大，此时内阻的影响不能忽略。

(4)锂离子电池不能过充过放的原因。放电时，锂离子不能完全移向正极，必须保留一部分锂离子在负极，以保证下次充电时锂离子可以畅通嵌入通道，否则，电池寿命就相当短。为了保证碳层中放电后留有部分锂离子，也就是锂离子电池不能过放电，这就要严格限制放电终止最低电压；同时，根据锂离子工作原理，最高充电终止电压应为 4.2 V，不能过充，否则会因正极材料中的锂离子移走太多时，造成晶格坍塌，而使电池表现出寿命终结状态。由此可见，锂离子充、放电控制精度要求相当高，既不能过充，也不能过放，否则都将影响电池寿命，这是由锂离子电池的工作机理所决定的。

(5)锂离子电池的优点。

①工作电压高。例如钴酸锂工作电压为 3.6 V，锰酸锂工作电压为 3.7 V，磷酸铁锂工作电压为 3.2 V。

组成相同电压的动力电池组时，锂离子动力蓄电池使用的串联数目会大大少于铅酸电池和镍氢电池。动力蓄电池中单体蓄电池数量越多，电池组中单体蓄电池的一致性要求就越高，寿命就越不好控制。

②比能量高。锂离子电池理论比能量可达 200 W·h/kg 以上，实际应用中也可达 140 W·h/kg。

③循环寿命长。锂离子电池深度放电循环次数可达 1 000 次以上，低放电深度循环次数可达上万次。

④自放电小。锂离子电池自放电率每月不到 5%。

⑤无记忆效应。每次充电前不需要放电，可以随时随地进行充电。

⑥环保性高。锂离子电池不含汞、铅、镉等有害元素，是真正意义上的绿色电池。

2.1.4 其他类型动力蓄电池的结构、工作原理及应用

除铅酸电池、镍氢电池、锂离子电池之外，还有多种动力蓄电池因其在能量密度、功率密度、使用寿命或安全性等一个或几个方面的优良特性，目前正在某些电动车辆上进行应用或研究实验，这些电池或将成为未来应用的热点和重点。

1. 飞轮电池

飞轮电池是 20 世纪 70 年代提出的新概念电池，它突破了化学电池的局限，用物理方法实现储能，最初的应用对象就是电动汽车，但由于当时的技术限制，没有得到实际应用。直到 20 世纪 90 年代，碳纤维技术的广泛应用才使这种电池得到了高速发展，目前伴随着轴承技术的发展，飞轮电池已展示出广阔的应用前景。

1)飞轮电池的结构和原理

飞轮电池的结构包括飞轮、轴、轴承、电机、真空容器和电力电子变换器,如图 2-1-7所示,其中飞轮是整个装置的核心部件,它直接决定了整个装置的储能多少。电力电子变换器通常是由金属-氧化层半导体场效晶体管和绝缘栅型晶体管组成的双向变换器,它们决定了飞轮装置能量输入输出量的大小。

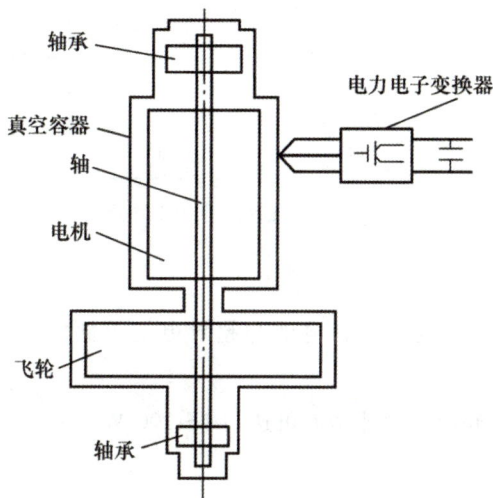

图2-1-7 飞轮电池的结构

如图2-1-8所示,飞轮电池的工作原理是外部电能经电力电子变换器(控制系统)输入,驱动电动机旋转,电动机带动飞轮旋转,飞轮储存动能(机械能)。当外部负载需要能量时,用飞轮带动发电机旋转,将动能转化为电能,再通过电力电子变换器变成负载所需要的各种频率、电压等级的电能,以满足不同的需求。由于电能输入、输出是彼此独立的,设计时常将电动机和发电机用一台电机来实现,输入、输出变换器也合并成一个,这样就可以大大减少系统的大小和重量。充电时,飞轮电池中的电机以电动机形式运转,在外电源的驱动下,电动机带动飞轮高速旋转;放电时,电机则以发电机状态运转,在飞轮的带动下对外输出电能,完成机械能到电能的转换。在实际工作中,飞轮的转速至少为 40 000~50 000 r/min,最高可达 200 000 r/min,一般金属制成的飞轮无法承受这样高的转速,所以飞轮一般都采用碳纤维制成,以减小整个系统的重量。为了减少充放电过程中的能量损耗,电机和飞轮都采用磁悬浮轴承以减少机械摩擦,同时将飞轮和电机放置在真空容器中,以减少空气摩擦,这样飞轮电池的输入、输出效率可达 95 % 左右。

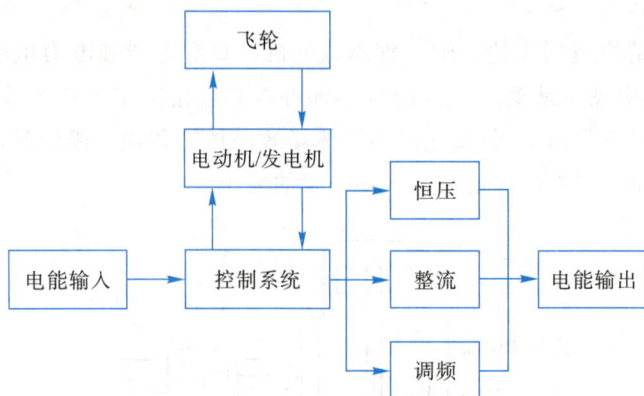

图 2-1-8　飞轮电池的工作原理

2)飞轮电池的特性

飞轮电池兼顾了化学电池、燃料电池和超导电池等储能装置的诸多优点，主要体现在如下几个方面。

(1)能量密度高。飞轮电池储能密度可达 100～200 W·h/kg，功率密度可达 5 000～10 000 W/kg。

(2)能量转换效率高。飞轮电池工作效率高达 90%～95%。

(3)工作温度范围宽。飞轮电池对环境温度没有严格要求，工作温度范围宽。

(4)使用寿命长。飞轮电池不受重复深度放电影响，能够循环几百万次运行，预期使用寿命 20 年以上。

(5)低损耗、低维护。磁悬浮轴承和真空环境使飞轮电池的机械损耗可以被忽略，系统维护周期长。

飞轮电池目前也存在以下一些缺点。

(1)因为实际中飞轮转速可达 40 000～50 000 r/min，一般金属制成的飞轮无法承受这样高的转速，容易解体，所以飞轮一般都采用碳纤维制成，而制造飞轮的碳纤维材料目前成本比较高。

(2)飞轮一旦充电，就会不停转动下去，浪费能量。例如给一辆飞轮电池汽车充电后，该汽车可以行驶 3 h，汽车走了 2 h 后，车主需要就餐 0.5 h，那么，这期间，飞轮就在那里白白转动。不过飞轮空转时，由于没有负载，能量损失不会太大。此外针对这种情况，也可以给飞轮电池配备化学充电电池，当不需要用电时，可把飞轮转动的电能充进化学电池中，但是给飞轮电池配备化学电池会导致汽车或设备的重量有所增加。

飞轮电池充电快，放电完全，非常适合车辆应用。现在由于成本和小型化的问题，飞轮电池仅在部分电动汽车和火车上有示范性应用，并且主要是混合动力电动车辆。

混合动力电动车辆在下坡、滑行或制动时，飞轮电池能大量地存储动能；在车辆起步、加速或爬坡时，飞轮电池则给车辆提供动力，保证发动机在最优状态下运转。

2. 超级电容器

超级电容器也叫作双电层电容器，是一种通过极化电解质来储能的电化学元件，但在储能过程中并不发生化学反应，而且储能过程是可逆的，可以反复充放电数十万次。超级电容器也像飞轮电池一样，是一种物理储能电池。

1）超级电容器的工作原理和结构

超级电容器是利用双电层原理的电容器。当外加电压到超级电容器的两个极板上时，与普通电容器一样，正极板存储正电荷，负极板存储负电荷。在超级电容器的两极板上电荷产生的电场作用下，在电解液与电极间的界面上形成相反的电荷，以平衡电解液的内电场，正电荷与负电荷在两个不同相之间的接触面上，以正负电荷之间极短间隙排列在相反的位置上，这个电荷分布层叫作双电层，因此电容量非常大。当两极板间电势低于电解液的氧化还原电极电位时，电解液界面上电荷不会脱离电解液，超级电容器为正常工作状态；若电容器两端电压超过电解液的氧化还原电极电位时，电解液将分解，超级电容器为非正常状态。随着超级电容器放电，正、负极板上的电荷被外电路泄放，电解液界面上的电荷相应减少。由此可以看出，超级电容器的充放电过程始终是物理过程，没有化学反应，因此性能更加稳定。

超级电容器的结构如图2-1-9所示，由极板、隔膜和电解液组成。

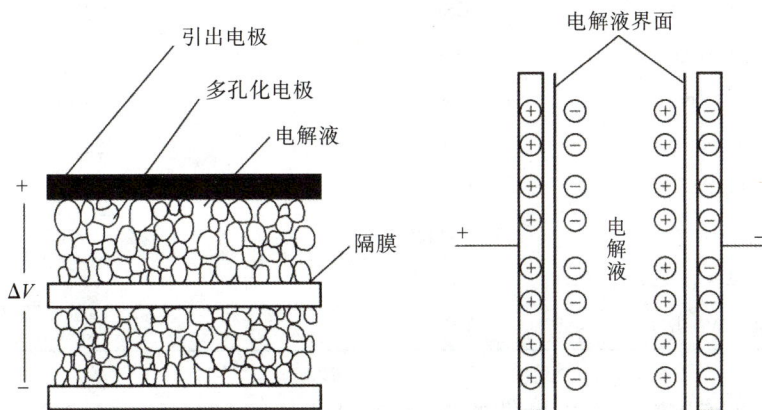

图2-1-9 超级电容器的结构

2）超级电容器的特性

超级电容器主要有以下特点。

(1)输出功率密度高。超级电容器的内阻很小，输出功率密度高达数千瓦/千克。

(2)极长的充放电循环寿命。超级电容器循环寿命可达上万次。

(3)非常短的充电时间。超级电容器完全充电时间只要10～12 min。

（4）储存寿命极长。理论上超级电容器的储存寿命几乎可以认为是无限的。

（5）比能量低。这一缺陷制约了超级电容器的应用。

总体来看，超级电容器具有比功率高、充放电速度快、循环寿命长、使用温度范围宽、无污染等优点，在等间距定点停车的公交车、场地车领域有很好的发展前景，在其他类型车辆上可作为辅助电源满足车辆急加速、爬陡坡时的功率需求和制动减速时的快速回收能量需求等。

2.1.5 几种常见电动汽车的动力蓄电池

1. 北汽 EV160、EV200 动力蓄电池

北汽 EV160 车型选用了普莱德磷酸铁锂电池，北汽 EV200 车型选用了韩国 SK 公司的三元锂电池，其电池的技术参数见表 2-1-4。

表 2-1-4 北汽 EV160、EV200 车型动力蓄电池的技术参数

技术参数	SK-30.4 kW·h(EV200)	PPST-25.6 kW·h(EV160)
额定电压/V	332	320
电池单体容量/(A·h)	91.5	80
额定能量/(kW·h)	30.4	25.6
连接方式	3P91S	1P100S
电池系统供应商	BESK	PPST
电池单体供应商	SKI	ATL
BMS 供应商	SK innovation	E-power
总质量/kg	291	295
总体积/L	240	240
工作电压范围/V	250～382	250～365
能量密度/(W·h/kg)	104	86
体积比能量/(W·h/L)	127	107

EV160 的动力蓄电池能提供的能量为 80 A·h×320 V=25 600 V·A·h=25.6 kW·h；EV200 动力蓄电池能提供的能量为 91.5 A·h×332 V=30 378 V·A·h=30.4 kW·h。

磷酸铁锂能量密度虽然低于三元锂电池，但是却具有高安全性、长寿命、低成本的优势。

三元材料的热稳定性比较差，在 200 ℃左右的外界温度下会产生分解现象，释放出氧气，从而为电池高温起火助燃。但磷酸铁锂在 700 ℃时才会发生分解，即使分解

也不会释放氧气。目前三元锂电池循环寿命在 2 500 次左右，而磷酸铁锂电池则在 3 500～5 500 次，因此寿命更长、更稳定。此外从原材料角度来看，磷酸铁锂的成本约为三元材料的 40%～50%，因此能够大幅控制成本。

2. 比亚迪 e6 纯电动汽车动力蓄电池

比亚迪 e6 纯电动汽车采用磷酸铁锂蓄电池，简称铁电池，它通过上下盖密封形成蓄电池包，放置在汽车底部，如图 2-1-10 所示。

比亚迪 e6 动力蓄电池组由 11 个模块 96 个单体蓄电池组成，每个单体蓄电池电压为 3.3 V，总电压为 316.8 V，蓄电池容量达 220 A·h，一次充电 65 kW·h，可以使续驶里程达到 400 km。

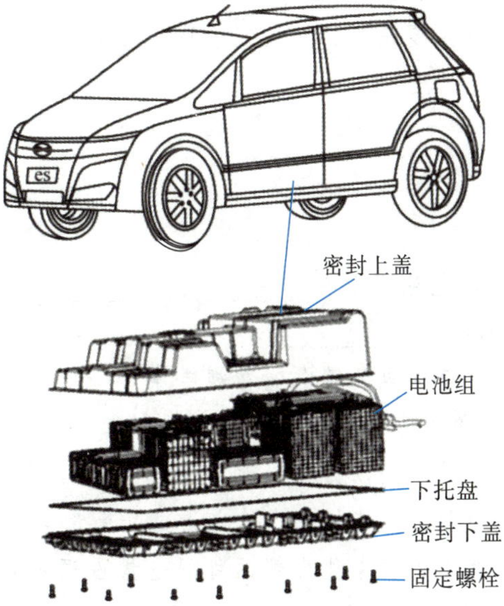

图 2-1-10　比亚迪 e6 纯电动汽车蓄电池包

3. 比亚迪刀片电池

2020 年 3 月，比亚迪正式发布刀片电池，该电池采用磷酸铁锂技术，首先搭载于"汉"车型。2021 年 4 月比亚迪正式宣布，旗下全系纯电动车型，开始全面搭载刀片电池。

刀片电池是由长 96 cm、宽 9 cm、高 1.35 cm 的单体蓄电池，通过阵列的方式排布在一起。由于单体蓄电池像刀片一样，插入到电池包，所以才会被称为刀片电池。因为减少了冗余的模组，刀片电池实现了更高的体积利用率，大大提升了能量密度，达到了三元锂电池能量密度的同等水平。

刀片电池还安全通过苛刻的针刺测试及重卡承压测试，证明了刀片电池在安全和强度方面有着卓越的性能。

任务总结

(1)按电解液的种类不同，电池可分为碱性电池、酸性电池、中性电池、有机电解液电池。按工作性质不同，电池可分为原电池、蓄电池、燃料电池、储备电池。

(2)目前电动汽车常用的电池有铅酸电池、镍氢电池、锂离子电池、燃料电池、超级电容器和飞轮电池等。

(3)动力蓄电池性能指标主要有电压、内阻、容量、能量、功率、自放电率、使用寿命等，根据动力蓄电池种类不同，其性能指标也有差异。

(4)电动汽车目前广泛使用的动力蓄电池有锂离子电池和镍氢电池等。锂电池主要有锰酸锂电池、磷酸铁锂电池及三元锂聚合物电池。

(5)锂离子电池的优点主要是工作电压高、比能量高、循环寿命长、自放电小、无记忆效应、环保性高。

思考题

1. 填空题

(1)按工作性质不同，电池可分为_____、_____、_____和_____，放电后可以反复充电使用的电池是_____。

(2)电池的容量是指完全充电的蓄电池在规定条件下所能释放出的总容量，通常用字母_____来表示，其单位为_____或_____。

(3)电动汽车目前广泛使用的动力蓄电池有_____和_____等。

(4)_____是指动力蓄电池能够储存的电量，是衡量电池性能的重要指标之一。

(5)电池荷电状态是指动力蓄电池内部的可用电量占额定容量的比例，是电池管理系统中的一个重要监控数据，用字母_____表示。

(6)锂离子电池充电从安全、可靠及兼顾充电效率等方面考虑，通常采用_____充电方法。

(7)电池型号 HF18/07/49，表示是_____形镍氢电池、宽度为_____ mm、厚度为_____ mm。

(8)飞轮电池在充电时，其电机以_____形式运转，在外电源的驱动下，带动飞轮高速旋转；放电时，电机则以_____状态运转，在飞轮的带动下对外输出电能，完成机械能到电能的转换。

(9)超级电容器的充放电过程始终是_____过程，没有化学反应，因此性能更加稳定。

2. 判断题

(1)根据国际电工委员会标准，镍氢电池标志由五部分组成。　　　　　（　）

(2)锂离子电池单体电压由于使用的正极材料不同，其额定电压也有所不同，单体电压最高可达 3.7 V。　　　　　（　）

(3)电池额定能量是衡量电池性能的重要指标之一，单位为 kW·h。　　　　（　）

(4)能量密度是指电池单位体积或单位质量所释放出来的能量。　　　　（　）

(5)磷酸铁锂能量密度虽然低于三元锂电池，但是却具有高安全性、长寿命、低成本的优势。　　　　　（　）

3. 简答题

(1)锂离子电池有哪些优点？

(2)飞轮电池有哪些特性？

任务 2.2　动力蓄电池管理系统

✍ 情景导入

赵经理开着自己的新能源汽车到 4S 店进行检修。

赵经理：感觉这辆车最近续驶里程下降了很多，请师傅帮忙检修一下。

技师王：新能源电动汽车的续驶里程是广大车主非常关心的问题。影响汽车续驶里程的主要原因除了常见的车辆行驶路况、车辆负载以外，还有动力蓄电池性能、辅助系统能量消耗、环境温度等因素。

🔑 学习目标

1. 了解动力蓄电池管理系统的作用。

2. 掌握动力蓄电池管理系统结构。

3. 掌握动力蓄电池管理系统功能及工作原理。

电池管理系统(Battery Management System，BMS)是对电池进行监控和管理的系统。它通过对电压、电流、温度以及 SOC 等参数进行采集、计算，进而控制电池的充放电过程，实现对电池的保护，提升电池的综合性能，是连接车载动力电池和新能源汽车的重要纽带。对于新能源汽车而言，通过该系统对电池组充放电的有效控制，可以增加续驶里程，延长电池使用寿命，降低运行成本，保证动力电池组的安全性和可靠性。

2.2.1 动力蓄电池系统的结构组成

一个完整的动力蓄电池系统主要由动力电池模组、电池管理系统（BMS）、辅助元器件及动力电池箱四部分组成，如图2-2-1所示。

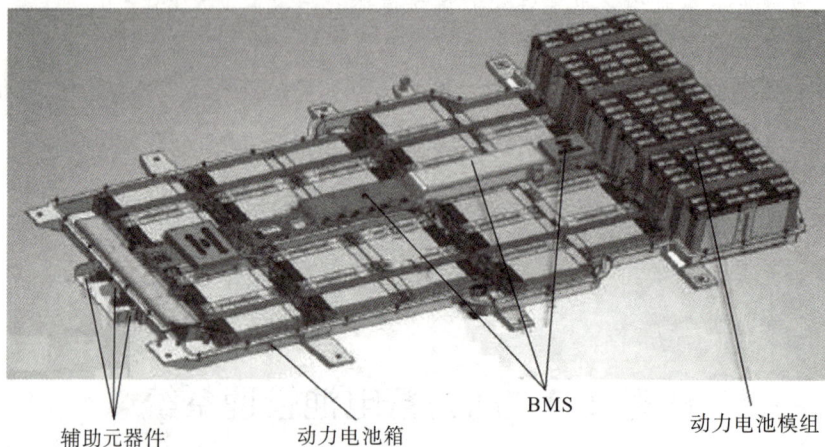

图2-2-1 动力蓄电池系统的组成

1. 动力电池模组

动力电池模组是由几颗到数百颗电池单体经并联及串联所组成的组合体，例如北汽 EV160 纯电动汽车的电池组成方式是 1P100S，即采用了 100 个磷酸铁锂电池单体串联在一起组成了车辆的动力电池模组，如图2-2-2所示；而北汽 EV200 纯电动汽车的电池组成方式是 3P91S，即该动力电池是由 3 个三元电池单体并联组成一个模块，再用 91 个这样的模块串联成一个整体，构成了动力蓄电池总成。

注意：字母 P 表示并联，字母 S 表示串联。

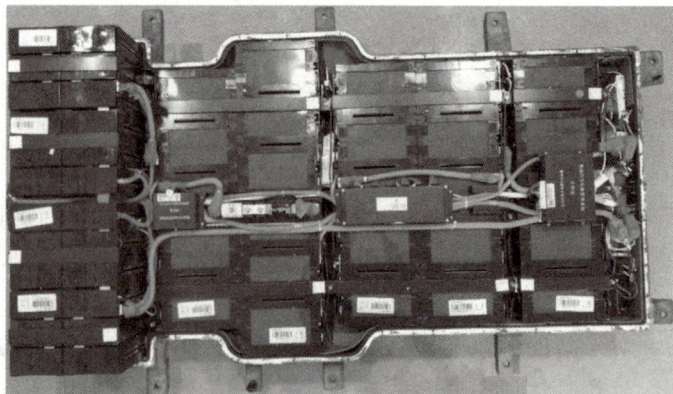

图2-2-2 北汽 EV160 普莱德磷酸铁锂电池包

2. 电池管理系统

BMS由硬件和软件组成，硬件有主控盒、从控盒及高压盒，还包括采集电压、电流、温度等数据的电子器件；BMS的软件主要用于监测电池的电压、电流、SOC值、绝缘电阻值、温度值，通过与整车控制器（VCU）、充电机的通信，来控制动力蓄电池系统的充放电。

BMS是电池保护和管理的核心部件，在动力电池系统中，它的作用就相当于人的大脑。它不仅要保证电池被安全可靠地使用，而且要充分发挥电池的能力和延长使用寿命。作为电池和整车控制器以及驾驶人沟通的桥梁，BMS通过控制接触器控制动力电池组的充放电，并向VCU上报动力蓄电池系统的基本参数及故障信息。

BMS通过电压、电流及温度检测等功能实现对动力蓄电池系统的过电压、欠电压、过电流、过高温和过低温保护，以及继电器控制、SOC估算、充放电管理、均衡控制、故障报警及处理、与其他控制器通信等功能；此外电池管理系统还具有高压回路绝缘检测功能，以及为动力蓄电池系统加热的功能。

（1）主控盒。主控盒是一个连接外部通信和内部通信的平台，如图2-2-3所示，它的主要功能是接收电池管理系统反馈的实时温度和单体电压（并计算最大值和最小值），接收高压盒反馈的总电压和电流情况，与整车控制器的通信，与充电机或快充桩通信，控制主正继电器，控制电池加热、唤醒应答，控制充/放电电流。

图2-2-3 主控盒

（2）高压盒。高压盒又名绝缘检测盒，作用是监控动力蓄电池的总电压和绝缘性能，如图2-2-4所示，它的主要功能是监控动力蓄电池的总电压（继电器内外4个监测点）、检测高压系统绝缘性能、监控高压连接情况（含继电器触点闭合状态检查），然后将监控到的数据反馈给主控盒。

图 2-2-4　高压盒

（3）电压和温度采集单元。电池电压和温度采集单元的作用是监控动力蓄电池的单体电压、电池组的温度，主要功能是监控每个单体电压、监控每个电池组的温度、监测电量（SOC）值，然后将监控到的数据反馈给主控盒。

3. 动力蓄电池的辅助元器件

动力蓄电池的辅助元器件主要包括动力蓄电池系统内部的电子电器元件，如熔断器、继电器、分流器、插接件、紧急开关、烟雾传感器、维修开关，以及电子电器元件以外的辅助元器件等，如密封条，绝缘材料等。

（1）预充继电器与电阻。在充电初期，需闭合预充继电器进行预充电，预充完成后断开预充继电器。预充继电器与电阻如图 2-2-5 所示。

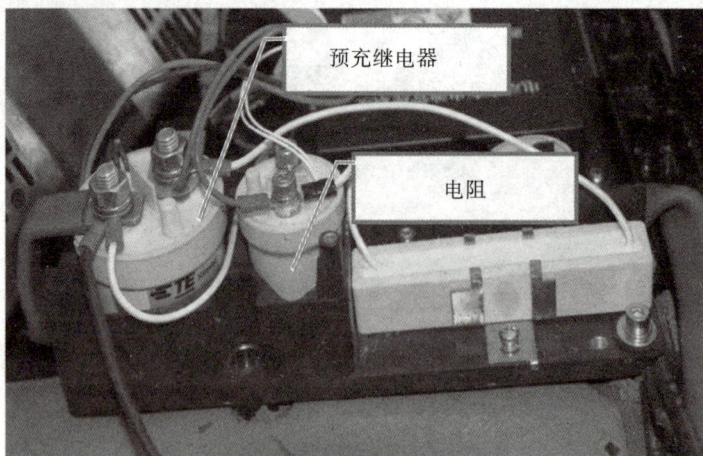

图 2-2-5　预充继电器与电阻

（2）电流传感器与熔断器。电流传感器的类型为无感分流器，如图 2-2-6 所示，在电阻的两端形成毫伏级的电压信号，用于监测母线充、放电电流的大小。

熔断器主要用于防止能量回收时过电压、过电流或放电时过电流，如图2-2-7所示。北汽EV200的熔断器规格为电流250 A、最高电压500 V。

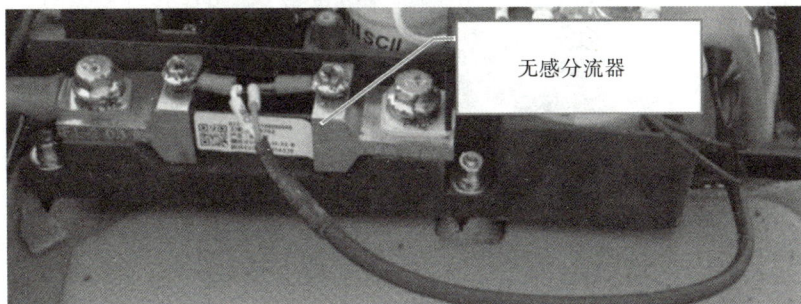

图2-2-6 电流传感器

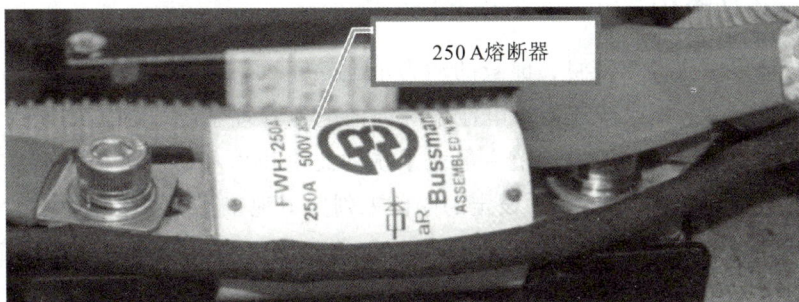

图2-2-7 熔断器

4. 动力电池箱

动力电池箱是支撑、固定、包围电池系统的组件，主要包含上盖和下托盘，还有辅助元件，如过渡件、护板、螺栓等，动力电池箱有承载及保护动力电池组及电气元件的作用。

（1）电池箱的技术。要求电池箱体用螺栓连接在车身底板下方，其防护等级为IP67，螺栓拧紧力矩为80~100 N·m。动力电池的箱体如图2-2-8所示。整车维护时需观察电池箱体螺栓是否松动，电池箱体是否破损严重变形，密封法兰是否完整，确保动力电池可以正常工作。

（2）外观要求。电池箱体外表面颜色要求为银灰或黑色，亚光；电池箱体表面不得有划痕、尖角、毛刺、焊缝及残余油迹等外观缺陷，焊接处必须打磨圆滑。

图2-2-8 动力蓄电池的箱体

2.2.2 动力蓄电池管理系统的功能

动力电池模组放置在密封、屏蔽的动力电池箱里面，通过可靠的高低压插接件与整车的用电设备和控制系统连接。电池系统内的电池管理系统（BMS）实时采集各单体的电压值、各温度传感器的温度值、电池系统的总电压值和总电流值、电池系统的绝缘电阻值等数据，并根据BMS中设定的阈值来判定电池工作是否正常，并对故障实时监控。此外动力电池系统还通过BMS使用控制器局域网络（Controller Area Network，CAN）总线与整车控制器（VCU）或充电机之间进行通信，进行充放电等综合管理。

电池管理系统的作用是提高电池的利用率，防止电池出现过充电和过放电，延长电池的使用寿命，监控电池的状态。

电池管理系统的主要功能有数据采集、电池状态计算、能量管理、安全管理、热管理、均衡管理、通信功能和人机接口等。图2-2-9所示为电池管理系统功能示意图。

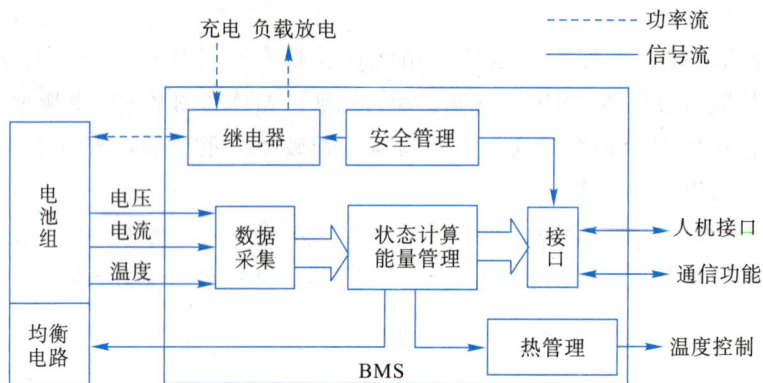

图2-2-9 电池管理系统功能示意图

（1）数据采集。作为 BMS 中其他功能的基础与前提，数据采集的精度和速度能够反映 BMS 的优劣。管理系统的其他功能比如 SOC 状态分析、均衡管理、热管理功能等都是以采集获取的数据为基础进行分析及处理的。数据采集的对象一般为电压、电流和温度。在实际使用过程中，电池在不同温度下的电化学性能不同，导致电池所放出的能量是不同的。锂离子动力电池对电压和温度比较敏感，因此在对电池的 SOC 进行评估时必须考虑温度的影响。

（2）电池状态计算。电池状态计算包括电池组荷电状态（SOC）和电池组健康状态（State of Health，SOH）。SOC 用来提示动力电池组剩余电量，是计算和估计电动汽车续驶里程的基础。SOH 用来提示电池技术状态，预计可用寿命等健康状态的参数。

（3）能量管理。能量管理主要包括以电流、电压、温度、SOC 和 SOH 为输入进行充电过程控制，以 SOC、SOH 和温度等参数为条件进行放电功率控制。

（4）安全管理。监视电池电压、电流、温度是否超过正常范围，防止电池组过充、过放。现在，在对电池组进行整组监控时，多数电池管理系统已经发展到对极端单体蓄电池进行过充电、过放电、过热等安全状态管理。

（5）热管理。对电池温度进行准确的测量和监控，在电池组温度过高时进行有效散热和通风，以保证电池组温度均匀分布。在低温的条件下，能够进行快速加热使电池组达到能够正常工作的环境。

（6）均衡控制。由于生产制造和工作环境的影响会造成电池单体的不一致性，在电压、容量和内阻等性质上出现差别，导致每个单体蓄电池在实际使用过程中有效容量和充放电电量是不一样的。但电池组的工作状态却是由最差的单体蓄电池决定的。为减少单体蓄电池之间的差异性而在电池组各个电池之间设置均衡电路，使各单体蓄电池充放电的工作情况尽量一致，从而提高整体电池组的工作性能。

（7）通信功能。通过电池管理系统实现电池参数和信息与车载设备或非车载设备的通信，为充放电控制、整车控制提供数据依据是电池管理系统的重要功能之一，根据应用需要，数据交换可采用不同的通信接口，如模拟信号、脉冲宽度调制（Pulse Width Modulation，PWM）信号、CAN 总线或 I2C 串行接口。

（8）人机接口。根据设计的需要设置显示信息以及控制按键、旋钮等。

2.2.3　动力蓄电池管理系统的工作原理

电池管理系统的主要工作原理可简单归纳为，数据采集电路采集电池状态信息数据后，由电子控制单元（Electronic Control Unit，ECU）进行数据处理和分析，然后电池管理系统根据分析结果对系统内的相关功能模块发出控制指令，并向外界传递参数信息。

1. 数据采集

BMS 实时准确地采集电池总电压、总电流及单体蓄电池电压和温度等信息，是电池管理系统中重要的功能之一，其采集精度和速率代表了 BMS 的优劣。

(1)单体蓄电池电压采集。单体蓄电池电压采集目前普遍采用专用集成电路来完成，如图 2-2-10 所示，采集单体蓄电池电压是 BMS 控制策略中的重要因素之一，要求采集精度在 3 mV 以内。

(2)电池组总电压采集。单体蓄电池的电压采样有一定的时间差异性，无法与蓄电池传感器数据实现精确对齐，必须通过采集蓄电池包总电压进行 SOC 计算。所有测量蓄电池包电压至少有两路，即箱内电压 U_0 和箱外电压 U_1，如图 2-2-11 所示。BMS 通过箱内、外电压的比较，诊断继电器，来判断是否完成预充电过程。动力电池组总电压既可直接测量也可通过分压电路采集得到。

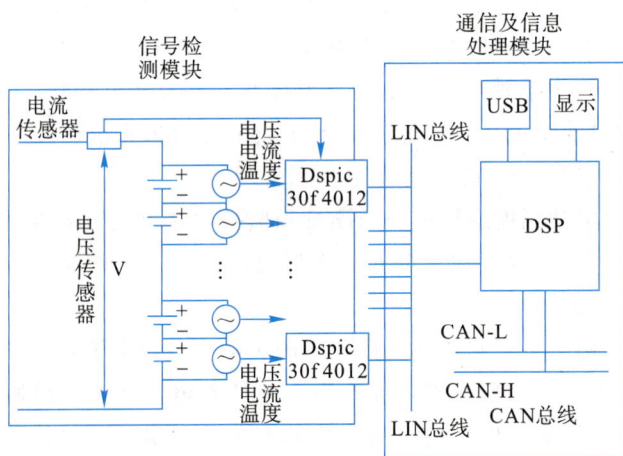

图 2-2-10　数据采集专用集成电路

图 2-2-11　蓄电池组总电压检测电路

(3)单体蓄电池温度信息采集。蓄电池由于存在内阻，工作时温度会升高，在 $-10 \sim 10$ ℃和 40 ℃高温附近，对蓄电池性能影响较大。温度检测普遍采用热敏电阻温度传感器进行，如图 2 - 2 - 12 所示。

图 2 - 2 - 12　单体蓄电池温度检测电路

(4)蓄电池包温度采集。BMS 还可用于检测蓄电池包出入口温度，采集电路与单体蓄电池类似。一旦发现温度过高，蓄电池 ECU 就会通过冷却风扇控制器控制冷却风扇电动机运转散热。

(5)动力蓄电池母线电流及电压检测。动力蓄电池组充、放电电流的采集对于评估电池组的荷电状态 SOC 及充、放电保护有重要的意义。动力蓄电池母线电流检测一般有两种方法：一种是在电池高压回路上串联电流传感器；另一种是用霍尔电流传感器套在高压母线上，将检测的电流信号送到控制盒，如图 2 - 2 - 13 所示。精度要求在 1%。为了保证测量精度，通常采用两路电流传感器来互相校正。

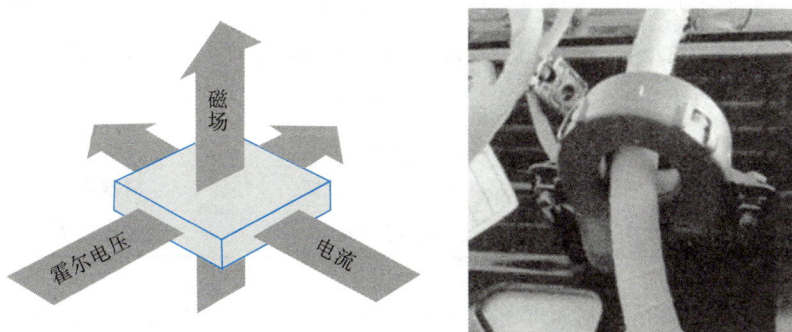

图 2 - 2 - 13　套装在母线上的霍尔电流传感器

智能分流器实际上是一个严格设计好的、阻值很小的电阻，能够通过极大电流，串接在直流电路里。当高压电流过分流器时，分流器两端产生毫伏级直流电压差值信号，该信号输送给电池管理系统，用以计量该直流电路里的电流值。

霍尔电流传感器根据霍尔效应原理制造而成，即当电流垂直于外磁场通过导体时，载流子发生偏转，垂直于电流和磁场的方向会产生附加电场，从而在导体的两端产生电势差，电势 U_H 的大小与电流和磁感应强度成正比，即

$$U_H = KIB\sin\alpha$$

式中　K——霍尔系数，取决于材质、温度和尺寸；

　　　I——电流；

　　　B——磁感应强度；

　　　α——电流和磁场方向的夹角。

动力母线电压信息直接在正负母线接线柱上取出送到高压绝缘盒内，隔离处理后检测计算即可。

2. 电池 SOC 估算方法

精确估计 SOC，可避免电池过充电和过放电；可起到保护动力蓄电池的作用，又可以充分使用电池性能，降低对动力蓄电池性能的要求，提高整车性能；还可以根据需要选择较低容量的动力蓄电池，从而降低整车制造成本。

由于无法通过直接测量的方法来得到电池的 SOC，因此一般采用间接测量电池其他参数，如电池电流、电压等来估算电池的 SOC。常见的估算动力蓄电池 SOC 的方法有放电试验法、安时积分法、开路电压法、线性模型法、内阻法、卡尔曼滤波法、神经网络法等，各种方法都有特定的优缺点（见表 2-2-1），以下主要介绍前五种。

表 2-2-1　动力蓄电池 SOC 估算方法比较

序号	SOC 计算方法	优点	缺点
1	放电试验法	准确、可靠	需中断，时间长
2	安时积分法	计算较为简单	相对误差较大
3	开路电压法	在数值上接近电池电动势	需要长时间静置
4	线性模型法	模型简单	不够准确
5	内阻法	与 SOC 关系密切	测量困难
6	卡尔曼滤波法	适合非线性模型	需准确的模型算法
7	神经网络法	精度比较高	需大量训练方法和数据

（1）放电试验法。在某一温度下对电池进行 $1/3C$ 倍率的恒流放电，直到电池端电压达到最低值（此时 SOC=0），此温度和电流下放电容量即为电流与时间的乘积，SOC 值即为放电容量占电池额定容量的比值。放电试验法是按照 SOC 的定义去估算的，因此也是最准确的方法，但是此方法只适用于实验室内，而无法在汽车实际运行过程中使用。

（2）开路电压法。电池的开路电压是可直接测量的物理量，其与 SOC 有一定的联系。一般来说，当 SOC 处于较高值时，电池的开路电压也比较大。因此可预先通过试

验的手段来获取 SOC 与开路电压两者的对应关系，之后测量电池开路电压即可得到此状态下电池的 SOC。这种方法原理简单、操作方便，但在测量开路电压时电池还要单独进行静置处理，因而也无法在实际情况下进行实时测量。

（3）安时积分法。电池在一段时间内放出的容量是电流对时间的积分，故测量电池工作状态下的电流值，计算已放出容量，然后根据电池总容量与已放出容量之差即可计算出当前状态下电池的 SOC。该方法是电池管理系统中 SOC 估算最常用的方法之一，此方法不需要考虑电池模型，但不可避免会产生误差，尤其是 SOC 估算误差会随着时间而积累，因此需要对 SOC 进行校正。

（4）卡尔曼滤波法。卡尔曼滤波法的核心是根据已建立的电池状态模型，利用卡尔曼滤波原理，根据电池工作时的电流、电压以及温度等进行状态递推，得到 SOC 的实时估算值以及估算误差。需要指出的是由于电池的动态仿真模型并不是线性的，故在利用卡尔曼滤波算法时通常需要将电池的动态仿真模型进行一定处理，从而能够更加精确地对电池 SOC 进行估算，此方法被称为扩展卡尔曼滤波算法。

（5）神经网络法。神经网络法是依据大量的样本数据和神经网络模型，通过大量的数据分析，实时将 SOC 与输入端数据建立一定的联系。人工神经网络模型缺少对动态工况的验证，在使用这种模型时，还必须采集大量的变电流工况数据。否则，当燃料电池汽车行驶在复杂工况下时，模型的 SOC 估算精度势必将受到影响。随着各种先进算法的提出，SOC 估算精度已经得到了明显提高。

3. 动力蓄电池的均衡管理

为了平衡电池单体的容量和能量差异，提高电池组的能量利用率，在电池组的充放电过程中需要使用均衡电路。根据均衡过程中电路对能量的消耗情况不同，均衡电路可以分为能量耗散型均衡和非能量耗散型均衡，现又分别称之为被动均衡和主动均衡。

能量耗散型均衡主要指电池组内能量较高的电池，利用其旁路电阻进行放电的方式损耗部分能量，以期达到电池组能量状态的一致，这种均衡结构以损耗电池组能量为代价，并且由于产热问题导致均衡电流不能过大，适用于小容量电池系统，以及能量能够及时得到补充的系统，如混合动力汽车。非能量耗散型均衡电路已经出现很多种，本质上是利用储能元件和均衡旁路构建能量传递通道，将其从能量较高的电池直接或间接转移到能量较低的电池。

4. 预充控制原理

因为电动汽车的电机控制器和空调控制器等都含有电容，如果没有预充电控制电路，动力蓄电池的主正、主负继电器直接与电容闭合，电池组电压在 300 V 以上，而电容两端电压为 0 V，相当于瞬间短路，易导致主正、主负继电器损坏。

预充电控制电路如图 2-2-14 所示。供电时，BMS 首先控制主负继电器和预充继电器，主正继电器断开，接通瞬间，经 R 流入电容 C 的电流在预充继电器、主负继电器的容量范围内，回路安全。待电容 C 充电达到目标要求后，此时电容两端已存较高电压(接近蓄电池电压)，继电器两端压差较低，此时结合就没有大电流冲击，BMS 控制预充继电器断开，结合主正继电器，高压接入。有些是在控制器内设有缓冲电阻，基本原理是一样的。

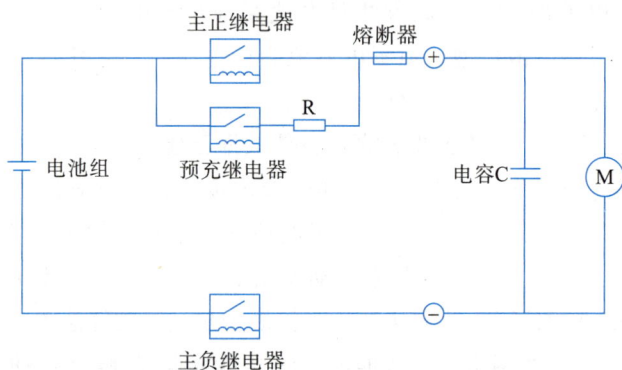

图 2 - 2 - 14　预充电控制电路

5. 动力蓄电池的热管理

动力蓄电池使用热管理系统使电池温度保持在正常范围内，镍氢电池和锂离子电池最好在 20～40 ℃温度区间内工作。电池性能在接近冰点以下温度时变差。温度高于 40 ℃会导致充电效率降低，并加速各类失效模式的进程，减少寿命。过高的温度也可能导致发生安全问题。

1)热管理的主要功能

(1)准确测量和监控电池的温度。

(2)蓄电池组温度过高时有效散热和通风。

(3)低温条件下快速加热，使蓄电池组改善工作条件。

(4)有效排放有害的气体。

(5)保证蓄电池组温度场的均匀分布。

2)蓄电池的热管理分类

蓄电池的热管理分为降温管理和升温管理。

(1)降温管理。根据介质不同，降温方式分成空气冷却、液体冷却和相变材料(如石蜡)冷却等方式。

空气冷却结构简单、成本低，但换热系数低、散热慢。结构有串联(见图 2 - 2 - 15)和并联(见图 2 - 2 - 16)两种。串联散热越靠后温度会越高，导致蓄电池组温度不均衡，并联散热则不会。

图 2-2-15　串联式空气散热方式

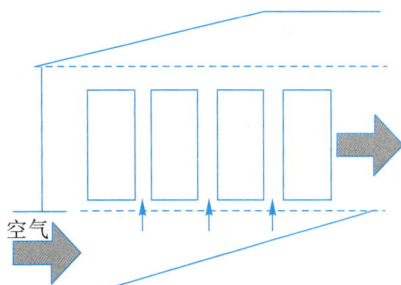

图 2-2-16　并联式空气散热方式

　　液体冷却与空气冷却相比，散热系数更高，散热快，但需要设置专门的冷却液循环系统。对于直接接触式的冷却系统，冷却液通常采用矿物油、乙二醇等。

　　相变材料冷却的方式较为昂贵，因此较少采用。

　　(2) 升温管理。对于锂离子电池，-10 ℃下蓄电池负极石墨的嵌入能力下降，活性变差，这时大电流充电很可能出现蓄电池热失控，甚至发生安全事故。因此当蓄电池管理系统监测到电池温度过低时，就会发出控制信息，通知充电机进行小电流充电。同时，在低温下蓄电池内阻增加，蓄电池容易发热，当温度达到正常时，热管理系统应该及时通知充电机恢复正常模式充电。

6. 绝缘电阻检测原理

　　在蓄电池管理系统内，需要对整个蓄电池系统和高压系统进行绝缘检测，以判断漏电情况。比较简单的方法是利用电桥来测量总线正极和负极对地的绝缘电阻，绝缘电阻检测电路如图 2-2-17 所示。

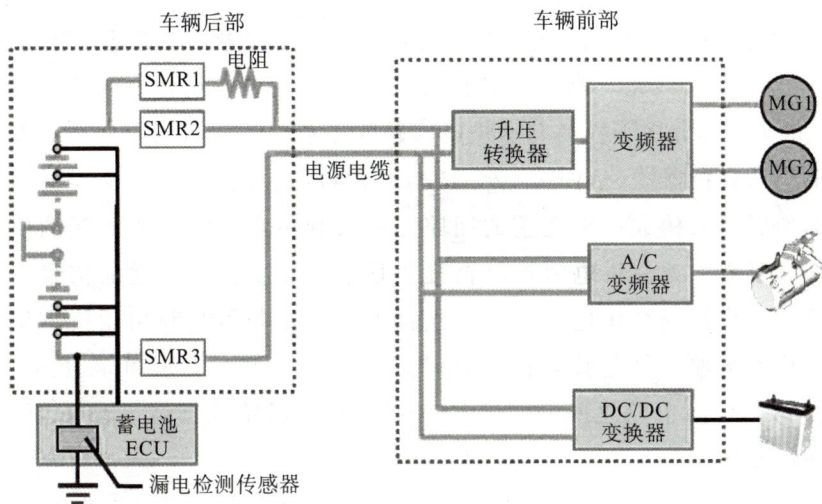

图 2-2-17　绝缘电阻检测电路

7. 高压互锁监测及保护

高压互锁也就是危险电压互锁回路(High Voltage Interlock Loop，HVIL)，是指通过电气小信号来检查整个高压产品、导线、连接器以及护盖的电气完整性或连续性，当识别到有回路异常时及时断开高压电。

高压互锁回路示意图如图 2-2-18 所示。当车辆发生碰撞事故时，碰撞传感器发出碰撞信号，触发控制器 HVIL 的断电信号，控制器 HVIL 使整车高压电源在毫秒级的时间内断开，以保障驾乘人员和车辆安全。

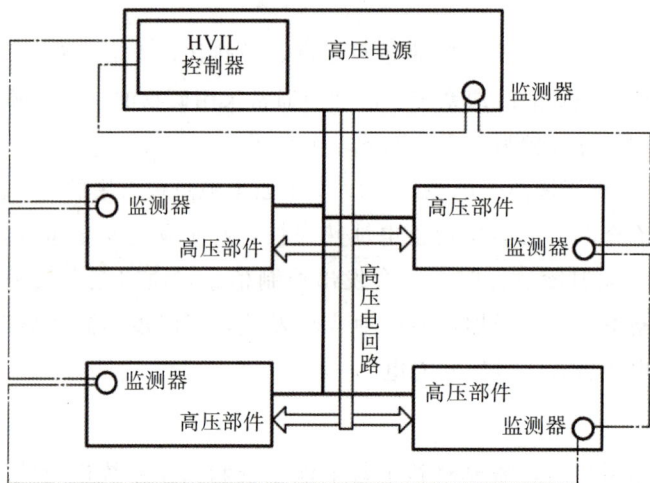

图 2-2-18　高压互锁回路示意图

1)高压互锁回路的组成

高压互锁回路由高压互锁信号线路、互锁监测器和自动断路器三部分组成。

(1)高压互锁信号线路。高压互锁信号线路也称动力母线，由两部分组成。图 2-2-17 中粗实线部分用于检测高压供电回路的完整性，与高压电源线并联，一并接在所有的高压连接器端(见图 2-2-19)，与高压连接器内的监测器连接，将所有的连接器串联起来构成一个完整的回路。一般利用高压线上的屏蔽网使整个系统变得简单和可靠。为高压电池控制器提供连接器完全连接导通的信号，控制器收到此信号才允许接通高压电源。高压连接器上的监测器是利用压接方法，在连接器自锁结构上增加电气连接，作为自锁回路短接信号。当断开高压连接器时，其信号线(动力母线)也随之断开，高压互锁 HVIL 回路就会触发高压断电信号，以保障用户的操作安全。

图 2-2-18 中的点线部分是用来监测所有高压部件端保护盖是否非正常开启的，利用信号线将所有高压部件上的监测器(见图 2-2-20)全部串联起来，组成另外一条

监测信号回路，为电池控制器提供高压设备部件端监测器完全连接导通的信号，与线路连接器的信号一样，控制器收到此信号才允许接通高压电源。

图2-2-19　高压线及连接器

图2-2-20　高压部件开盖监测器

(2)互锁监测器。互锁监测器分为两类：一类是监测高压连接器的连接是否可靠；另一类是监测高压部件的保护盖是否开启。

①高压连接器监测器。监测器与连接器设计在一起，为一体式结构。监测器利用高压导线的屏蔽网作为信号导线，如图2-2-21所示。

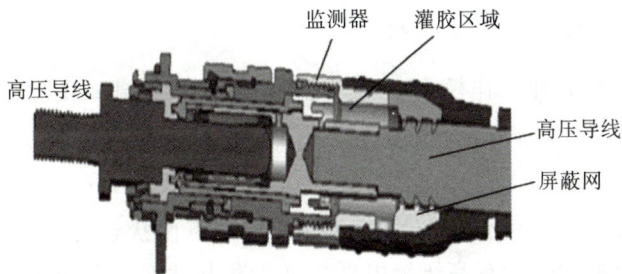

图2-2-21　高压连接器监测器

②高压部件开盖监测器。其结构类似于连接器，一端安装在高压部件的保护盖上，

另一端安装在高压部件的主体内部，当保护盖开启时监测器也断开，高压互锁回路信号中断。通常设置监测器的高压部件有驱动电机控制器、高低电压转换器、高压配电箱、车载充电机、空调压缩机控制器、高压动力电池管理器等。

（3）自动断路器。自动断路器又称接触器，是为互锁系统切断高压源的执行元件。在高压互锁系统识别到危险情况时，能正确及时断开高压电源是非常关键的，所以设置自动断路器格外重要。

2）高压互锁设计的目的

（1）整车在高压上电前确保整个高压系统的完整性，使高压系统处于一个封闭环境下工作，提高安全性。

（2）当整车在运行过程中高压系统回路断开或者完整性受到破坏的时候，需启动安全防护。

（3）防止带电插拔高压连接器给高压端子造成的拉弧损坏。

3）高压互锁系统的控制策略

高压互锁系统在识别到危险时，整个控制器应根据危险时的行车状态和故障危险程度执行合理的安全控制策略。高压互锁系统的控制策略分为以下三级。

一级是故障报警。无论电动汽车处于何种状态，高压互锁系统在识别到危险时，控制器立即通过仪表或指示器以声光报警的形式提醒驾驶员，高压系统出现异常状况需及时处理，以避免发生安全事故。

二级是降低功率运行。电动汽车在高速行驶过程中，高压互锁系统在识别到危险情况时，不能立即切断高压电源，而是控制系统降低驱动电机的运行功率使车辆的速度降下来，使整个高压系统在较小的负荷工况下运行，尽量降低发生高压危险的可能性，同时也允许驾驶员将车辆行驶到安全的地方或附近的维修点处理。

三级是切断高压电源。当车辆处于停驶状态时，高压互锁系统识别到危险状况时，除了进行故障报警外还应通知控制器断开自动断路器，使高压电源彻底被切断，避免发生高压危险，确保人身和车辆安全。

2.2.4　电池管理系统的工作模式

电池管理系统有五种工作模式，即下电模式、准备模式、上电模式、充电模式及故障模式，具体内容如下。

1. 下电模式

下电模式是整个系统的低压与高压部分处于不工作状态的模式。在下电模式下，动力电池管理系统控制的所有高压继电器均处于断开状态；低压控制电源处于不供电的状态，只有动力电池内部控制器的低压常供电有静态维持电流。

2. 准备模式

在准备模式，系统所有的继电器均处于未吸合状态。当系统接收到外界启动钥匙

ON 挡位信号，整车控制器、电机控制器、充电插头开关等部件发出的硬线信号或受 CAN 报文控制的低压信号后，动力电池管理系统控制初始化、自检完成后，电池管理系统进入下一步上电模式。

3. 上电模式

当电池管理系统自检合格，检测到启动钥匙的高压上电信号后，系统将首先闭合负极继电器。由于驱动电机是感性负载，驱动电机控制器内部电路有大电容，为防止过大的电流冲击，负极继电器闭合后，先闭合与正极继电器并联的预充电阻和预充继电器，进入预充电状态；当电机控制器内电容两端电压达到母线电压的 90％时，立即闭合正极继电器，延迟 10 ms 后，断开预充继电器进入放电模式。

4. 充电模式

当电池管理系统检测到充电唤醒信号时，系统即进入充电模式。在该模式下正极、负极继电器闭合；同时为保证低压控制电源持续供电，DC/DC 变换器需处于工作状态。

充电模式下，动力蓄电池管理系统不响应启动钥匙发出的任何指令，充电插件发出的充电唤醒信号作为充电模式的判定依据。

磷酸铁锂电池在低温条件下的充电特性不好，从充电安全考虑，在进入充电模式之前应对系统进行一次温度判别。当电池温度低于 0 ℃时，系统进入充电预热模式，此时通过接通电池内加热继电器向铺设在电池箱内的加热毯供电，对电池模组预热；当电池内的温度高于 0 ℃时，系统可进入充电模式，即闭合正极、负极继电器。

5. 故障模式

故障模式是控制系统中常出现的一种状态。由于动力蓄电池具有高压电，关系到使用者和维修人员的人身安全，动力蓄电池管理系统对于各种工作模式采取"安全第一"的原则。

电池管理系统对于故障的响应还需根据故障等级而定，当故障级别较低，系统可采取报错或发出轻微报警信号告知驾驶人；而当故障级别较高，甚至伴随有危险时，系统将采取断开高压继电器的控制策略。行车状态下三类故障的处理方法，如表 2-2-2 所示。

表 2 - 2 - 2　行车状态下三类故障的处理方法

符号	名称	对应电池故障类型	故障确认方法	处理方法
HV+🚗	动力蓄电池故障	动力蓄电池所有二级故障和一级故障	采集 CAN1 的报文数据，读取报文数据，确认是否上报以上电池故障	这类故障均属于零部件质量问题，可交由供应商售后做维护处理
□+🚗	动力蓄电池断开	四类动力蓄电池一级故障：详见故障处理策略	（1）采集 CAN1 的报文数据，读取报文数据，确认是否上报电池一级故障；（2）电池若无一级故障，需要检查其他零部件是否存在故障	上报四种一级故障时，均需立刻停止使用
HV+🚗	动力蓄电池绝缘电阻低	绝缘电阻过低二级故障（会伴随动力电池故障、断开故障一并出现）	（1）先单独对动力蓄电池系统进行绝缘检测，确认电池绝缘电阻是否故障；（2）如果电池绝缘电阻正常，就要排查整车高压回路中其他高压零部件的绝缘电阻是否正常，如电机、充电机、DC/DC 变换器	对于绝缘存在问题的零部件进行整改

🔧 任务总结

（1）电池管理系统（BMS）是对电池进行监控和管理的系统，它通过对电压、电流、温度以及 SOC 等参数进行采集、计算，进而控制电池的充放电过程，实现对电池的保护，提升电池的综合性能，是连接车载动力蓄电池和新能源汽车的重要纽带。

（2）新能源汽车通过 BMS 对电池组充放电的有效控制，可以增加续驶里程，延长电池使用寿命，降低运行成本，保证动力电池组的安全性和可靠性。

（3）一个完整的动力蓄电池系统主要由动力电池模组、电池管理系统、辅助元器件及动力电池箱四部分组成。

（4）电池管理系统的主要功能有数据采集、电池状态计算、能量管理、安全管理、热管理、均衡管理、通信功能和人机接口等。

（5）根据均衡过程中电路对能量的消耗情况不同，均衡电路可以分为能量耗散型均衡和非能量耗散型均衡，现又分别称之为被动均衡和主动均衡。

(6)高压互锁也就是危险电压互锁回路(HVIL)，是指通过电气小信号来检查整个高压产品、导线、连接器以及护盖的电气完整性或连续性，当识别到有回路异常时及时断开高压电。

(7)电池管理系统有五种工作模式，即下电模式、准备模式、上电模式、充电模式及故障模式。

✦ 思考题

1. 填空题

(1)新能源电动汽车电池管理系统的英文缩写是_____。

(2)一个完整的动力蓄电池系统主要由_____、_____、_____及_____四部分组成。

(3)镍氢电池和锂离子电池最好在_____~_____℃温度区间内工作。

(4)电池管理系统的作用是提高电池的利用率，防止电池出现_____和_____，延长电池的_____，监控_____的状态。

(5)常见的估算动力蓄电池SOC的方法有放电试验法、_____、_____、_____和_____，各种方法都有特定的优缺点。

(6)根据均衡过程中电路对能量的消耗情况不同，均衡电路可以分为_____均衡和_____均衡，现又分别称之为被动均衡和主动均衡。

(7)高压互锁是指通过_____来检查整个高压产品、导线、连接器以及护盖的电气完整性或连续性，当识别到有_____时及时断开高压电。

(8)电池管理系统有五种工作模式，即_____模式、_____模式、_____模式、_____模式及故障模式。

2. 简答题

(1)北汽EV200纯电动汽车的电池组成方式是3P91S，解释其含义。

(2)简述预充控制原理。

任务 2.3 动力蓄电池系统故障维修

✎ 情景导入

一辆新能源汽车在行驶过程中托底，导致动力蓄电池箱体破损。

车主李先生：车辆在行驶过程中只是轻轻磕碰了一下，动力蓄电池怎么就坏了呢？

技师王先生：电动汽车的动力蓄电池安装在车辆底部，极易发生因托底而损坏的事故。在行驶过程中遇到起伏不平或者积水路面的时候，一定要仔细观察路况，缓慢行驶或选择绕行，以免造成车辆损伤。

学习目标

(1)能够完成动力蓄电池绝缘检测。

(2)能够完成动力蓄电池总成更换。

(3)掌握动力蓄电池系统故障及排除方法。

2.3.1　绝缘电阻监测系统

新能源汽车采用电力驱动系统，内部有几百伏的高压电，有着极高的绝缘要求。而汽车是一个不断运动的部件，随着使用年限增加、系统振动、部件老化、温湿度变化等因素的影响，都有可能导致车辆整体绝缘性能下降。这不仅会影响车辆运行，还将危及车上人员的人身安全，因此电动汽车高压电气系统绝缘性能是一个至关重要的技术指标。

1. 绝缘电阻监测系统工作原理

新能源汽车的高压电路应按 GB/T 18384.3—2015 中的规定提供直接接触防护，布置在乘客舱或行李舱外部的 B 级高压电路(60～1 500 V)的防护性能应满足 IP67 的要求。当各高压部件、接口的通断导致系统暴露产生潜在危险时，B 级电压系统应自动不带电。

动力蓄电池正负极通过绝缘层与底盘构成电流回路，当整车绝缘下降时漏电电流就会增大，漏电电流达到一定值时，将危及乘客安全以及整车电气系统的正常运行。新能源汽车的绝缘电阻监测系统主要是通过在正极动力电缆与底盘、负极动力电缆与底盘之间分压的方式，来测量动力电缆相对于车辆底盘的绝缘程度。为了简化结构，通常将绝缘电阻监测模块设在动力电池系统内，并把绝缘电阻监测功能集成到 BMS 上，如图 2-3-1 所示。

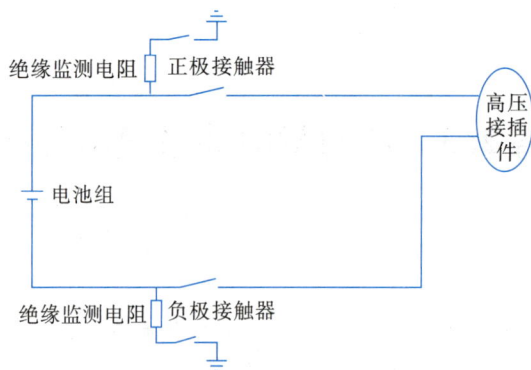

图 2-3-1　绝缘电阻监测电路

动力蓄电池系统的绝缘阻值分为正极与外壳、负极与外壳两部分。在高压电断开的情况下用绝缘表测量正极对地和负极对地绝缘阻值，均应大于等于 500 Ω/V，否则为不合格。

2. 绝缘阻值测量流程

测量电气设备的绝缘电阻是检查其绝缘状态最简便的方法，普遍使用绝缘表测量绝缘电阻。绝缘表又叫兆欧表，在工作时自身会产生高电压，而测量对象也是电气设备，所以必须正确使用，以免造成人身伤害或设备损坏。

1）检测方法

（1）试验前关闭点火开关，拆卸低压蓄电池负极连接线。

（2）拔下维修开关，交专人保管或锁起来，以防误插。

（3）断开动力蓄电池高压电缆插接件，并用放电工装进行放电。

（4）对绝缘表进行初步检查，确认绝缘表工作正常。

（5）选择合适的量程，连接测试线，按下测试键，读取其绝缘电阻值，如图 2 - 3 - 2 所示。

图 2 - 3 - 2 绝缘阻值测量

2）注意事项

（1）测量前，必须断开被测设备电源并进行放电，严禁带电测量，以保证人身和设备的安全。

（2）被测物表面要清洁，减少接触电阻，确保测量结果准确。

（3）测量大电容电机和较长电缆的绝缘电阻时，必须适当延长测量时间才能得到正确的结果。

（4）遇阴雨潮湿的天气或环境湿度太大时，不宜进行测量工作。

（5）测试输出电压插孔输出的是高压电，严禁用手直接触摸测试笔。

（6）电池能量不足时应及时更换，长期存放时应取出电池，以免电池漏液损坏绝缘表。

(7)空载时，如有数字显示，属正常现象，不影响测试。

(8)在进行 MΩ 测试时，如果读数不稳定可能是环境干扰或绝缘材料不稳定造成的，此时可将"G"端接到被测部件的屏蔽端，即可使读数稳定。

(9)为保证测试安全性和减少干扰，测试线外皮采用硅橡胶材料，勿随意更换测试线。

2.3.2 动力蓄电池更换流程

(1)车辆停放平稳，铺设车辆防护用品。

(2)操作人员穿戴好高压安全防护用品。

(3)断开 12 V 蓄电池负极，并用绝缘胶带包裹负极连接线、蓄电池极柱。

(4)拆下维修开关(有的车型没有维修开关)。

(5)举升车辆，拆卸动力电池线束护板。

(6)拆卸动力蓄电池高低压线束。

(7)测量动力蓄电池端正负极端子输出电压是否为 0 V，如果高压端带电需等待几分钟再次进行测量，严禁带电操作。

(8)用放电工装对高压负载端进行放电。

(9)将动力蓄电池举升车推入车辆底部，托住动力蓄电池总成底部，按顺序拆卸动力蓄电池总成固定螺栓。

(10)缓慢降下动力蓄电池举升车，并将动力蓄电池推出车外。

(11)安装时将动力蓄电池移至车辆下方，缓慢升起电池举升车，使动力蓄电池两侧的定位销对准车辆下方定位孔。

(12)按顺序依次拧紧动力蓄电池的固定螺栓，安装动力蓄电池高低压线束插接件及电池护板。

(13)车辆复位，检查车辆上电和充电是否正常。

2.3.3 维护插接器

维护插接器(Manual Service Disconnector，MSD)也叫维修开关或紧急开关，在特定时刻能够实现高压系统的电气隔离，是保证电动汽车高压电气安全的关键部件。在车辆维修或存在漏电危险等特殊情况时，使用维修开关切断高压电路。维修开关的安装位置各车型都不一样，主要分布在后排座椅下方、中央扶手箱下方、行李舱内以及前排乘客座椅下方等位置。长城 WEY P8 维护插接器位于车辆行李舱内，如图 2-3-3 所示。

图 2-3-3　长城 WEY P8 维护插接器

　　根据美国机动车工程师学会标准，当维修开关打开后，可以断开电池系统输出端子之间的任何电压。在继电器断开的情况下，MSD 断开后 5 s 内，所有外部电池端子的直流电压应小于 60 V。原则上，MSD 可以设置在动力蓄电池内的任意一个位置，不过一般分为以下三种：SD1——电池正极和正极继电器 C1 之间；SD2——电池组中心，这里是动力蓄电池额定电压的中间分压位置；SD3——电池负极和负极继电器 C2 之间。维护插接器设置位置如图 2-3-4 所示。

　　维修开关采用两阶段打开方式，内置高压互锁触点，插合后的防护等级为 IP67，插拔寿命在 500 次以上。拆卸方法大致相同。以江淮 iEV6S 为例，维修开关位于车辆后排座下方，如图 2-3-5 所示。在拆卸维修开关之前必须要关闭点火开关，断开低压蓄电池负极连接线，在拔下维修开关后，还需等待 10 min 左右才可以进行下一步的维修工作，以确保高压剩余电量消耗完毕。

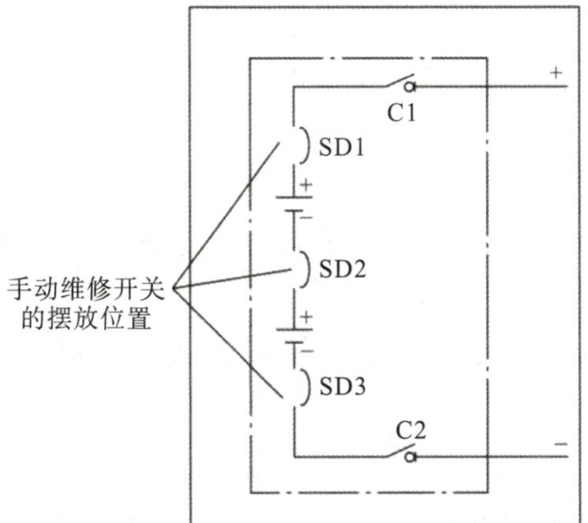

图 2-3-4　维护插接器设置位置

图 2-3-5　江淮 iEV6S 维修开关安装位置

①首先拆卸维护插接器开关盖板的 4 条固定螺栓。

②打开维护插接器的二次锁扣，如图 2-3-6 所示。

③按住维护插接器卡扣，按图 2-3-7 所示方向转动维护插接器的把手，然后向上用力直至把手垂直，然后取出维护插接器并安全放置，以防他人误插。

图 2-3-6　打开二次锁扣

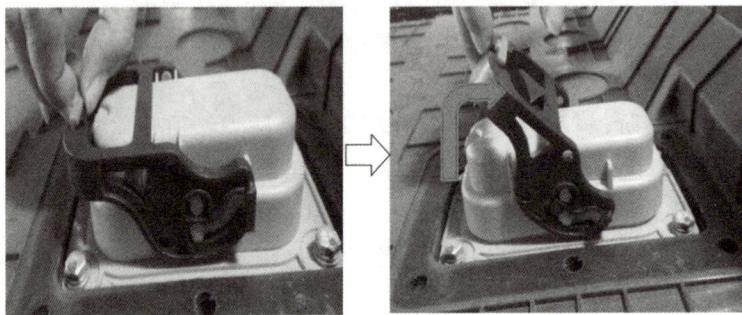

图 2-3-7　取出维护插接器

2.3.4　动力蓄电池系统常见故障

电动汽车的动力蓄电池系统属于高压部件，其好坏直接影响着整车安全性及可靠性。在动力蓄电池系统中，从故障发生的部位看，分为传感器故障、执行器故障（接触器故障）和部件故障（电芯故障）等。

动力蓄电池系统故障按照故障发生的部位不同可以分为单体蓄电池故障、电池管理系统故障、线路或连接件故障。

1. 单体蓄电池故障

（1）单体蓄电池 SOC 偏低或偏高。这种情况下电池性能正常，无须更换。如果单体蓄电池 SOC 偏低，则该电池在汽车行驶过程中，电压最先达到放电截止电压，使得电池组实际容量降低，应对该单体蓄电池进行补充充电。如果单体蓄电池 SOC 偏高，则该电池在充电末期最先达到充电截止电压，影响充电容量，需对该单体蓄电池进行单独补充放电。

(2)单体蓄电池容量不足和单体蓄电池内阻偏大。这种情况电池性能衰退严重，应立即更换。在电池组中，最小的单体蓄电池容量也限制了整个电池组的容量，因此发生单体蓄电池容量不足故障会影响车辆续驶里程。如果锂离子电池内阻过大，会严重影响电池的电化学性能，例如充放电过程中的极化严重、活性物质利用率低、循环性能差等。

(3)单体蓄电池内部短路、单体蓄电池外部短路。这种情况会影响行车安全。如果单体蓄电池极性装反，在强振动下锂离子电池的极耳、极片上的活性物质、接线柱、外部连线和焊点可能会折断或脱落，造成单体蓄电池内部或外部短路。

通常情况下，造成单体蓄电池前两种故障的原因可能包括两个：一是动力电池成组时单体蓄电池一致性问题，单体蓄电池的 SOC、容量和内阻本身就存在差异；二是单体蓄电池在成组应用过程中因为应用环境差异(如温度、充放电电流)而造成的一致性差异增加，加剧单体蓄电池的不一致性。

2. 电池管理系统故障

电池管理系统对于保障电池组的安全及使用寿命，最大限度发挥电池系统效能具有重要作用。电池管理系统通常对单体电压、总电压、总电流和温度等进行实时监控采样，并将实时参数反馈给整车控制器。

电池管理系统除了对电池性能参数进行监控、实施电性能管理以外，还具有热管理为主的应用环境管理，实施对电池的加热和冷却，确保电池的良好应用环境温度以及温度场的一致性。

若电池管理系统发生故障，就失去了对电池的监控，不能估计电池的 SOC，容易造成电池的过充、过放、过载、过热以及不一致性问题的增加，影响电池的性能、使用寿命和行车安全。

电池管理系统故障包括 CAN 通信故障、总电压测量故障、单体电压测量故障、温度测量故障、电流测量故障、继电器故障、加热器故障和冷却系统故障等。

3. 线路或连接件故障

线路或连接件故障的诊断对于确保行车安全和整车的可靠性同样重要。例如，因为车辆的振动，电池间的连接螺栓可能会出现松动，电池间接触电阻增大，发生电池间虚接故障，以致电池组内部能量损耗增加，造成车辆动力不足和续驶里程短，在极端情况下还能引起高温，产生电弧，熔化电池电极和连接片，甚至造成电池着火等极端电池安全事故。

在电动汽车运行过程中，单体蓄电池之间可能发生相对跳动，造成两电池间的连接片折断。电池箱和电动汽车的电气连接也是故障的高发点，电插接器在经历长时间振动后容易产生虚接，出现易烧蚀、接触不良等故障。

动力蓄电池系统常见故障及处理方法见表2-3-1。

表2-3-1 动力蓄电池系统常见故障及处理方法

项目	故障现象	故障后果	处理方法
单体蓄电池	单体蓄电池SOC偏低	电池组容量降低，电动汽车续驶里程短	对单体蓄电池单独充电
	单体蓄电池SOC偏高		对单体蓄电池单独放电
	单体蓄电池容量不足	电池组充电不足、使用寿命减少，电动汽车续驶里程短	更换单体蓄电池
	单体蓄电池内阻偏大	电池组充电不足、使用寿命减少，电动汽车动力不足、续驶里程缩短	
	单体蓄电池过充电	电池内部短路、电池热失控，严重时会起火、爆炸	检查电池管理系统
	单体蓄电池过放电		
	单体蓄电池内部短路	电池热失控，严重时会起火、爆炸	更换单体蓄电池
	单体蓄电池外部短路		排除短路故障、更换单体蓄电池
	单体蓄电池极性装反		更换单体蓄电池
电池管理系统	CAN通信故障	无法监控电动汽车	检查CAN网络
	总电压测量故障	无法监控总电压	检查总电压测量模块
	单体电压测量故障	无法监控单体电压	检查单体电压测量模块
	温度测量故障	无法监控电池温度	检查温度测量模块
	电流测量故障	无法监控电池电流	检查电流测量模块
	冷却系统故障	电池温度偏高	检查冷却风扇控制线路
线路或连接件	电池间虚接	电动汽车动力不足、续驶里程短	紧固电池连接
	电池间断路	电动汽车无法启动	检查电池连接
	快速熔断器断开		检查快速熔断器
	动力电插接器断开		检查动力电插接器
	信号电插接器虚接	插接器易烧蚀，电动汽车动力不足	
	信号电插接器故障	无法监控电动汽车	检查信号电插接器
	正极接触器故障	电动汽车无法启动	检查接触器
	负极接触器故障		
	电源线短路	电池热失控，严重时会起火、爆炸	检查电源线

任务总结

(1)动力蓄电池系统的绝缘阻值分为正极与外壳、负极与外壳两部分。在高压电断开的情况下用绝缘表测量正极对地和负极对地绝缘阻值，均应大于等于 500 Ω/V，否则为不合格。

(2)维护插接器（MSD）也叫维修开关或紧急开关，在特定时刻能够实现高压系统的电气隔离，是保证电动汽车高压电气安全的关键部件。

(3)电动汽车的动力蓄电池系统属于高压部件，其好坏直接影响着整车安全性及可靠性。在动力蓄电池系统中，从故障发生的部位看，分为传感器故障、执行器故障（接触器故障）和部件故障（电芯故障）等。

(4)电池管理系统故障包括 CAN 通信故障、总电压测量故障、单体电压测量故障、温度测量故障、电流测量故障、继电器故障、加热器故障和冷却系统故障等。

思考题

1. 填空题

(1)动力蓄电池系统的绝缘阻值分为_____与外壳、_____与外壳两部分。在高压电断开的情况下用绝缘表测量正极对地和负极对地绝缘阻值，均应大于等于_____ Ω/V，否则为不合格。

(2) 绝缘表又叫_____，在工作时自身会产生_____，而测量对象也是电气设备，所以必须正确使用，以免造成人身伤害或设备损坏。

(3) 维护插接器（MSD）也叫_____或紧急开关，在特定时刻能够实现高压系统的_____，是保证电动汽车高压电气安全的关键部件。

2. 简答题

(1)简述动力蓄电池绝缘电阻检测方法。

(2)动力蓄电池常见故障有哪些？怎样处理？

任务 3.1　驱动电机及控制系统概述

情景导入

甲：听说纯电动汽车上没有发动机，那么纯电动汽车行驶时的动力从哪来呢？

乙：纯电动汽车在行驶的时候，动力蓄电池会把高压电传递给驱动电机，驱动电机产生转矩来驱动汽车行驶。

那么驱动电机是怎么将电能转换成力矩的呢？

学习目标

(1)掌握驱动电机的作用与分类。

(2)掌握驱动电机的结构和工作原理。

(3)掌握驱动电机常见故障的排除方法。

3.1.1　电动汽车电动驱动系统的组成

电动驱动系统是指由驱动电机、动力电子装置和将电能转换到机械能的相关操纵装置组成的系统。电动驱动系统的基本组成如图3-1-1所示。电动驱动系统是电动汽车的心脏，它由电动机、功率转换器、控制器、各种检测传感器和电源(蓄电池)组成，其任务是在驾驶员的控制下，高效率地将动力蓄电池的电量转化为车轮的动能，或者将车轮的动能反馈到蓄电池中。

新能源汽车中的驱动系统为什么叫驱动电机？而不是驱动电动机？

在新能源汽车中，电机不仅能在汽车行驶时，作为电动机来提供动力驱动汽车行驶；还能在汽车制动的时候，作为发电机将制动能量转换为电能，储存在动力电池中。所以，新能源汽车中，电机既是"电动机"，又是"发电机"。

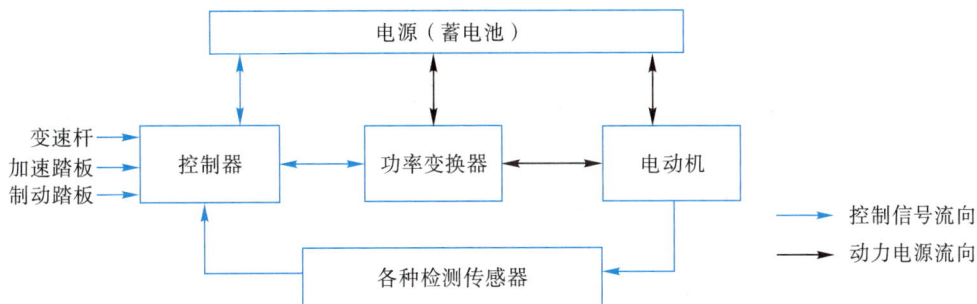

图 3-1-1　电动驱动系统的基本组成

早期的电动汽车主要采用直流电机系统，但直流电机有机械换向装置，必须经常维护。随着电力电子技术的发展，交流调速逐渐取代直流调速。

功率变换器按所选电机类型，有 DC/DC 功率变换器、DC/AC 功率变换器等形式，其作用是按所选电动机驱动电流的要求，将蓄电池的直流电转换为相应电压等级的直流、交流或脉冲电。

检测传感器主要是对电压、电流、速度、转矩以及温度等进行检测，其作用是为了提高和改善电动机的调速特性。对于永磁无刷电动机和开关磁阻电动机还要求有电动机转角位置检测。

控制器是按驾驶员操纵变速杆、加速踏板和制动踏板等动作，相应输入的前进、倒退、起步、加速、制动灯信号，以及各种检测传感器反馈的信号，通过运算、逻辑判断、分析比较等适时向功率变换器发出相应的指令，使整个驱动系统有效运行。

3.1.2　电动汽车对驱动电机性能的要求

电机是电动汽车驱动系统的核心部件，其性能直接影响电动汽车驱动系统的性能，电动汽车对驱动电机性能要求主要包括以下几个方面。

(1)结构紧凑、尺寸小、功率密度高、转矩密度高。纯电动汽车的整车布置空间有限，因此要求电机的结构尽量紧凑，便于安装布置。

(2)可靠性要求高。能够在恶劣的条件下可靠工作，电机应具有较高的可靠性耐温和耐蚀性，并且能够在较恶劣的条件下长期使用。

(3)重量轻、效率高、高效区广。驱动电机重量轻有利于降低整车的重量，延长汽车续航里程。电机可通过采用铝合金外壳等途径降低其重量，各种控制装置和冷却系统的材料也尽可能选用轻质材料。

(4)低噪声、低振动、舒适性强。为了满足驾驶舒适性的要求，要求电机低噪声，低振动。

3.1.3　电机及分类

电机是指依据电磁感应定律实现电能的生产、传输和使用的能量转换机械，按功能分可以将电机分为发电机、电动机和变压器。发电机的功能是将机械能转变为电能；电动机的功能是将电能转换为机械能，在电动汽车上，车辆由电动机驱动，因此又称电动机为驱动电机；变压器的功能是改变交流电流的大小，也就是将一种电压等级的交流电能转为同频率另外一种电压等级的交流电。

按照电源类型分类，可将电机分为直流电机和交流电机，如图 3-1-2 所示。

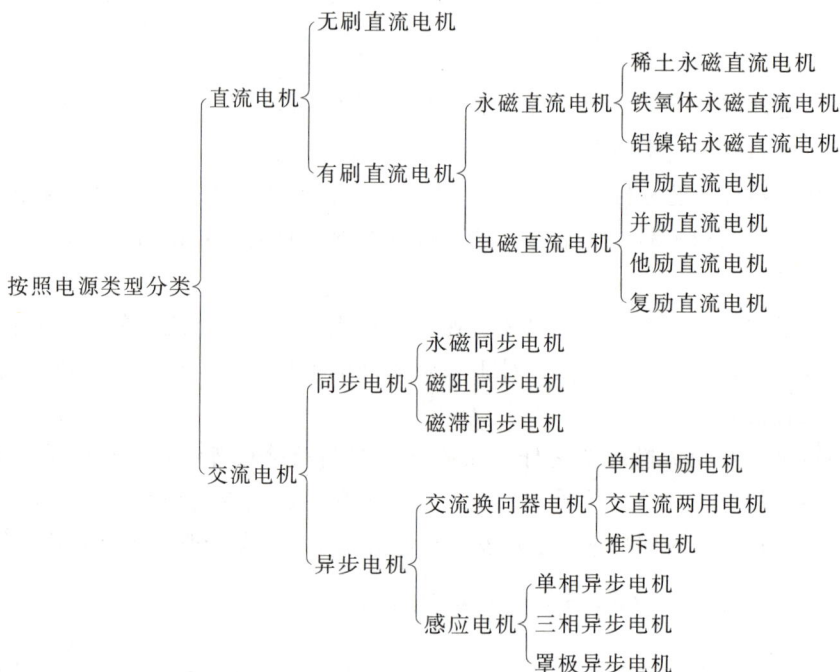

按照电源类型分类
- 直流电机
  - 无刷直流电机
  - 有刷直流电机
    - 永磁直流电机
      - 稀土永磁直流电机
      - 铁氧体永磁直流电机
      - 铝镍钴永磁直流电机
    - 电磁直流电机
      - 串励直流电机
      - 并励直流电机
      - 他励直流电机
      - 复励直流电机
- 交流电机
  - 同步电机
    - 永磁同步电机
    - 磁阻同步电机
    - 磁滞同步电机
  - 异步电机
    - 交流换向器电机
      - 单相串励电机
      - 交直流两用电机
      - 推斥电机
    - 感应电机
      - 单相异步电机
      - 三相异步电机
      - 罩极异步电机

图 3-1-2　电机的分类

任务总结

(1)电动驱动系统是指由驱动电机、动力电子装置和将电能转换到机械能的相关操纵装置组成的系统。

(2)电动汽车对驱动电机性能要求主要包括以下几个方面：①结构紧凑、尺寸小、功率密度高、转矩密度高；②可靠性要求高；③重量轻、效率高、高效区广；④低噪声、低振动、舒适性强。

（3）电机是指依据电磁感应定律实现电能的生产、传输和使用的能量转换机械，按功能分可以将电机分为发电机、电动机和变压器。

思考题

1. 填空题

（1）电机驱动系统是电动汽车的心脏，它由_____、_____、_____、各种检测传感器和电源（蓄电池）组成，其任务是在驾驶员的控制下，高效率地将动力蓄电池的_____转化为车轮的_____，或者将车轮的动能反馈到蓄电池中。

（2）在电动汽车上，车辆由电动机驱动，因此又称电动机为驱动电机；变压器的功能是_____，也就是将一种电压等级的交流电能转为_____另外一种电压等级的交流电。

2. 简答题

（1）电动汽车对驱动电机性能有哪些要求？

（2）电动机是怎样分类的？

任务 3.2　驱动电机的结构与原理

情景导入

甲：你知道驱动电机用的是交流电还是直流电呢？

乙：听说不同的驱动电机用的电也是不一样的，电机用交流电还是直流电需要看电机的具体类型。

那么现在汽车上主要用的是直流电机还是交流电机呢？让我们一起来学习吧。

学习目标

（1）掌握驱动电机的作用与分类。

（2）掌握驱动电机的结构和工作原理。

（3）掌握驱动电机常见故障的排除方法。

3.2.1　直流电机

直流电机由于存在调速性能好、过载能力强、控制简单等优势，曾在调速电机领域独占鳌头，20世纪70年代以前，对调速性能要求较高场合均采用直流电机，也是电动车辆应用较广泛的电机。但由于其存在换向火花、电刷磨损及电机本身结构复杂等问题，随着交流变频调速技术发展，交流调速电机后来居上。目前城市无轨电车和电动叉车等场合还较多采用直流驱动系统。虽然直流电机应用在逐年减少，但它包含了电力调速系统最基础的理论，即仍有必要来分析讨论，并对由蓄电池提供直流电源的车辆，也有可能设法以适当简化驱动器来降低成本。

1. 直流电机的结构

直流电机(见图3-2-1)主要由磁场、电枢绕组、电枢和换向器等部件组成。

(1)磁场。磁场是一对静止的磁极，功率较小的电机采用永久磁铁作磁极，功率较大的电机磁场是由直流电流通过绕在磁极铁芯上的绕组线圈产生的。用来形成N极和S极的绕组称为励磁绕组，励磁绕组中的电流称为励磁电流。

(2)电枢绕组。在N极和S极之间有一个能绕轴旋转的圆柱形铁芯，上面缠绕的线圈称为电枢绕组，电枢绕组中的电流称为电枢电流。

(3)电枢。由铁芯、电枢绕组和换向器所组成的旋转部分称为电枢。

(4)换向器。电枢绕组的两端分别接在两个相互绝缘和绕组同轴旋转的半圆形铜制换向片上，组成一个换向器，换向器上压着固定不动的正、负极电刷。

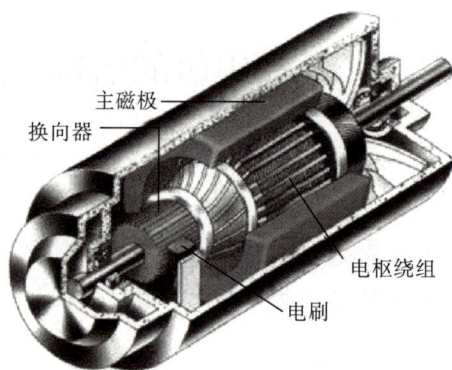

图3-2-1 直流电机结构简图

直流电机主要有直流有刷电机和永磁无刷直流电机两种。永磁无刷直流电机(见图3-2-2)是一种用电子电路取代电刷和机械换向器的直流电机，它最大的特点是具有直流电机的良好外特性，而没有换向器和电刷组成的机械接触结构，所以运行可靠、寿命长、维修简便，具有更高的能量密度和更高的效率。

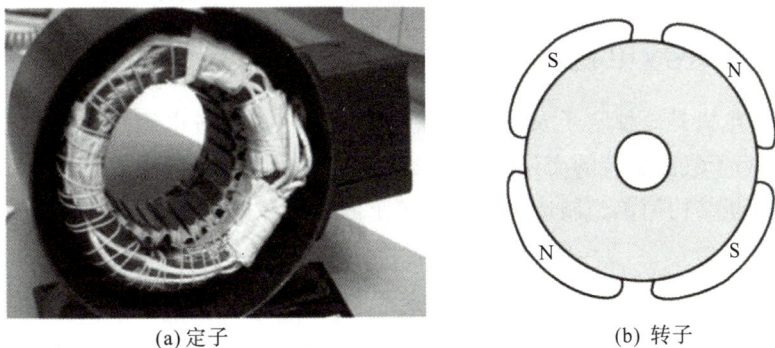

(a)定子　　　　　　　　　　　　(b) 转子

图 3 - 2 - 2　永磁无刷直流电机

2. 直流电机的工作原理

直流电机的工作原理如图 3 - 2 - 3 所示。

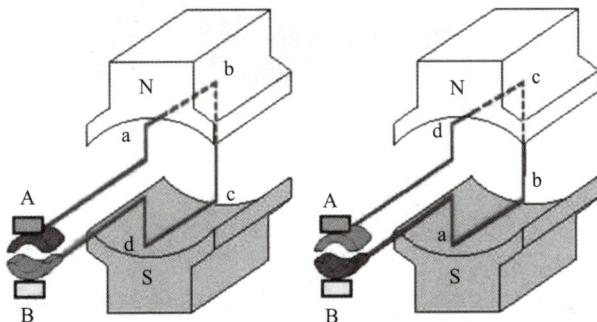

图 3 - 2 - 3　直流电机的工作原理

（1）电磁转矩的产生。电枢绕组通过电刷接到直流电源上，绕组的旋转轴和机械负载相连。电流从电刷 A 流入电枢绕组，从电刷 B 流出。电枢电流与磁场相互作用产生电磁力，其方向可用左手定则判定。这一对电磁力所形成的电磁转矩，使电动机电枢 ab 边沿着逆时针方向旋转。

（2）换向原理。当电枢转 ab 边转到了 S 极位置，cd 边转到了 N 极位置，这时电枢线圈的电磁转矩方向发生了改变，但由于换向器随着电枢同步旋转，使得电刷 A 总是接触 N 极下的导线，而电刷 B 总是接触 S 极下的导线，因此电流的流动方向随之发生改变，使电磁转矩方向保持不变。

实际电机的电枢不只是一个线圈，而是由多个按一定规律连接的线圈组成的，并且主磁极对数也成倍增加，提高电机的功率密度，也使所输出转矩（电动机）或电动势（发电机）的脉振程度极大减少。由此表明，同台直流电机只要改变外界条件，既可用作电动机，也能转换为发电机运行，这是适于各类电机的普遍原理。

3.2.2　交流感应电机

交流感应电机是一种定子及转子为独立绕组，双方通过电磁感应来传递力矩，其转子以低于/高于气隙旋转的交流电机。交流感应电机又叫异步电机，与直流电动机相比，交流电动机结构简单、制造方便、比较牢固，容易做成高转速、高电压、大电流、大容量的电动机。

1. 交流感应电机的结构

交流感应电机主要由定子铁芯与绕组、转子铁芯与绕组、机座、吊环、前后端盖以及风扇等部件组成，如图3-2-4所示。

图3-2-4　交流感应电机结构

(1)定子。定子有A-X、B-Y、C-Z三个绕组，各线圈按一定规律分别嵌放在定子槽内，如图3-2-5所示。

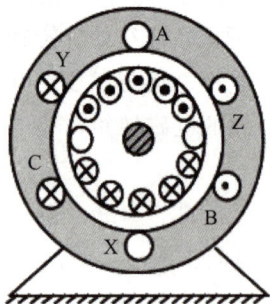

图3-2-5　定子绕组　　　　　　　　　　　定子绕组动图

定子是电机中固定不动的部分，主要作用是产生一个旋转磁场。旋转磁场并不是用机械方法实现的，而是以交流电通过电磁绕组中，使其磁极性质循环改变，故相当于一个旋转磁场。按照所用交流电的种类不同，可划分为单相电机和三相电机两种。

（2）转子。转子是可转动的导体，主要由铁芯和绕组组成。转子绕组由插在转子槽中的多根导条和两个环形端环组成，若去掉转子铁芯，整个绕组的外形就像一个笼子，故称笼型绕组，如图3-2-6所示。

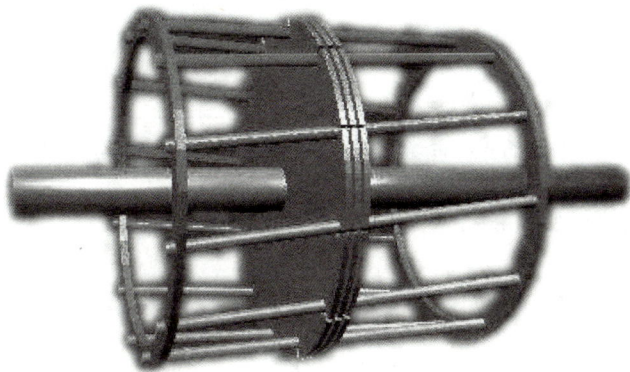

图3-2-6　笼型绕组

2. 交流感应电机的工作原理

交流感应电机首先通过定子产生旋转的磁场，转子绕组切割磁感线产生感应电动势，从而使转子绕组中产生感应电流。转子绕组中的感应电流与磁场相互作用，产生电磁转矩使转子旋转。

什么是旋转的磁场？在定子绕组中怎么会产生旋转的磁场？

所谓旋转的磁场，是指磁场的N极和S极是不断交替变化着。虽然定子绕组的位置不发生变化，但由于三相定子绕组中，电流的相序发生变化，从而在它周围产生了旋转的磁场。若想改变旋转磁场的方向，只要改变通入定子绕组的电流相序即可。

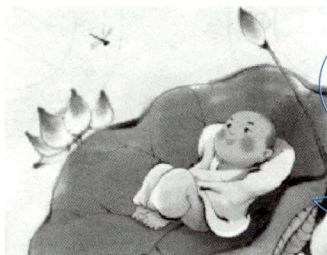

大家还记得左手定则、右手定则和右手螺旋定则吗？它们分别能用来判断什么？怎么判断呢？

三相绕组空间布置如图3-2-7所示，三相绕组星形连接如图3-2-8所示。

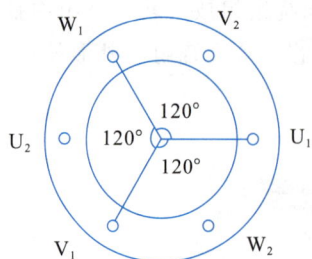

图 3-2-7 三相绕组空间布置

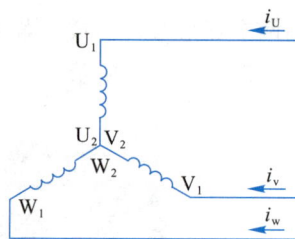

图 3-2-8 三相绕组星形连接

绕组中的电流波形如图 3-2-9 所示。

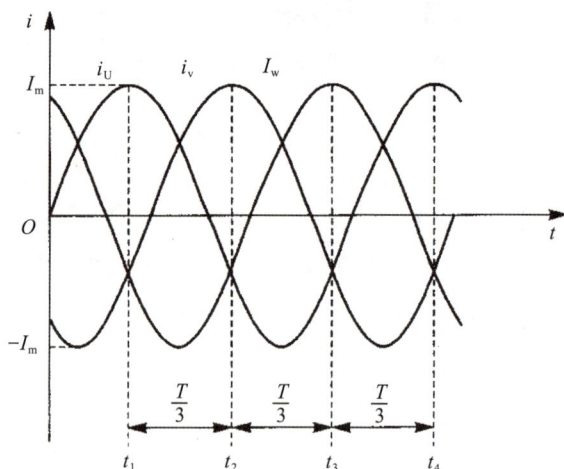

图 3-2-9 绕组中的电流波形

三相绕组产生的旋转磁场如图 3-2-10 所示。

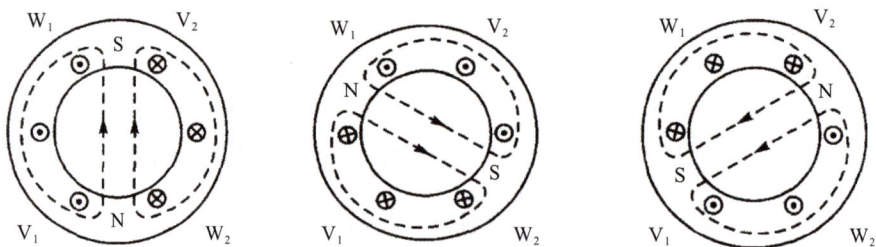

图 3-2-10 三相绕组产生的旋转磁场

3.2.3 永磁同步电机

在目前新能源汽车领域，如起亚、荣威、北汽、比亚迪等品牌汽车，永磁同步电机被广泛使用。所谓永磁，是指在制造电机转子时加入永磁体，使电机的性能得到进一步的提升。而所谓同步，则指的是转子的速度与定子旋转磁场的转速相同。

1. 永磁同步电机的特点及分类

永磁同步电机在汽车上的应用越来越广泛，它具有功率密度高、转子的转动惯量小、运行效率高、转轴上无滑环和电刷等优点。但是永磁同步电机也有自身的缺点，转子上的永磁材料在高温、振动和过电流的条件下，会产生磁性衰退的现象，所以在相对复杂的工作条件下，电机容易发生损坏，而且永磁材料价格较高，因此整个电机及其控制系统成本较高。

永磁同步电机按永磁体结构分类，可分为内置式永磁同步电机和表面永磁同步电机；按定子绕组感应电势波形分类，可分为梯形波永磁同步电机和正弦波永磁同步电机。目前在纯电动汽车上应用较多的是正弦波永磁同步电机，且电机永磁体一般采用内置式。

2. 永磁同步电机的结构

永磁同步电机主要由定子绕组和转子磁铁、端盖、轴承、旋转变压器、霍尔传感器等部件组成，如图 3-2-11 所示。

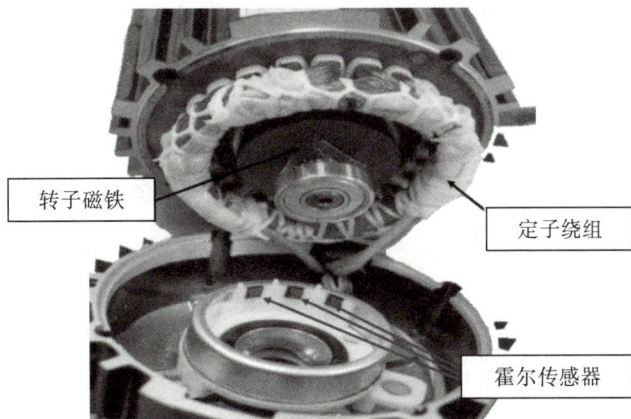

图 3-2-11　永磁同步电机

（1）定子。定子部分与三相异步电机完全一样，三相绕组沿定子铁芯对称分布，在空间互差 120°电角度，通入三相交流电时，产生旋转磁场。

（2）转子。永磁同步电机转子结构如图 3-2-12 所示。转子采用永磁体，目前主要以钕铁硼作为永磁材料。由于采用永磁体简化了电机的结构，提高了可靠性，又没有转子铜耗，提高了电机的效率。

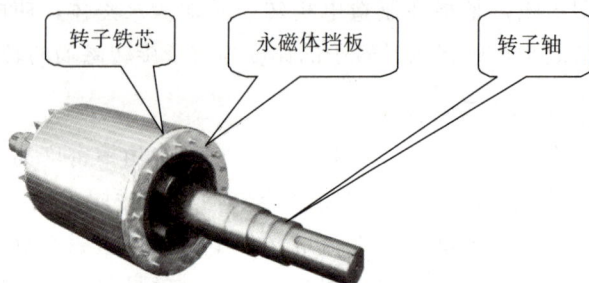

图 3-2-12　永磁同步电机转子结构

3. 永磁同步电机的工作原理

永磁同步电机首先给定子绕组通入三相交流电，在通入电流后就会在电机的定子绕组中形成旋转磁场，如图 3-2-13 所示。由于在转子上安装了永磁体并且磁极是固定的，根据同极相斥、异极相吸原理，在定子中产生的旋转磁场会带动转子旋转从而产生驱动力，并最终达到转子的旋转速度与定子中产生的旋转磁场速度相等。

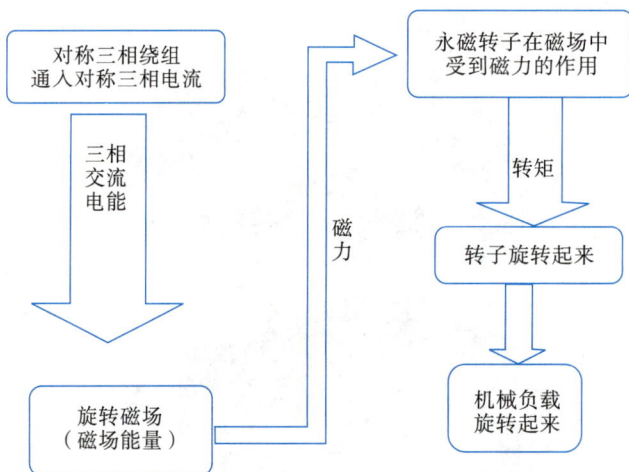

图 3-2-13　永磁同步电机的工作原理

3.2.4　开关磁阻电机

电机根据转矩产生原理不同，可大致分为由电磁作用产生转矩和由磁阻变化原理产生转矩两类。在电磁原理电机中，运动是转子、定子两个磁场相互作用产生的，类似于磁铁同极相斥、异极相吸的现象，目前广泛应用的各种直流电机和交流电机都是根据这一原理制成的。

磁阻原理电机的运动是转子、定子之间气隙磁阻的变化产生的。当定子绕组通电时产生一个单相磁场，遵循磁阻最小原则，即磁通总是沿着磁阻最小的路径闭合。因此当转子轴线与定子轴线不重合时，磁阻力会作用在转子上并产生转矩，使其向磁阻最小的位置移动，类似于磁铁吸引导磁体的现象，利用该原理制成的电机就叫开关磁阻电机。

1. 开关磁阻电机的结构

开关磁阻电机的定子和转子均为凸极结构，定子和转子的齿数不相等，转子齿数一般比定子齿数少2个。在定子齿上绕有线圈，两个位置相对的定子线圈相互串联形成一相绕组。转子由硅钢片叠片而成，上面没有线圈绕组，定子绕组用来向电机提供工作磁场。在转子上没有线圈，这是磁阻电机的主要特点，如图3-2-14所示。

开关磁阻电机的转子与定子如图3-2-15所示。

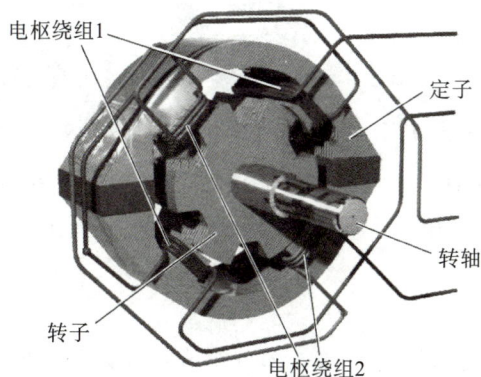

图 3-2-14　开关磁阻电机结构图

图中为三相6/4结构，A、B、C分别表示A相、B相、C相。

图 3-2-15　开关磁阻电机的转子与定子

2. 开关磁阻电机的工作原理

开关磁阻电机是基于磁通总是沿着磁导最小的路径闭合原理制成的。当转子和定子的齿中心线不重合，磁导不是最大时，磁场就会产生磁拉力形成磁阻转矩，使转子转到磁导最大的位置。电机控制器不断地向各相绕组依次通入电流，电机转子则一步一步地沿着与通电相序相反的方向转动。当改变定子各相通电顺序时，电机的旋转方向随之改变。开关磁阻电机的工作原理如图3-2-16所示。

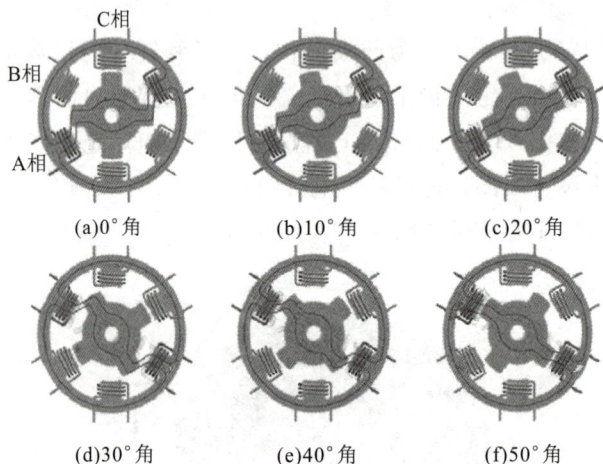

图3-2-16　开关磁阻电机的工作原理

3. 开关磁阻电机的控制系统

开关磁阻电机的控制系统主要由4部分组成：开关磁阻电机、功率变换器、控制器及位置传感器，如图3-2-17所示。

图3-2-17　开关磁阻电机的控制系统

开关磁阻电机是控制系统中实现能量转换的部件，也是控制系统有别于其他电机驱动系统的主要标志。功率变换器向开关磁阻电机提供运转所需的能量，由蓄电池和交流电整流后得到的直流电供电。控制器是系统的中枢，它综合处理速度指令、速度反馈信号及电流传感器、位置传感器的反馈信息，控制功率变换器中主开关器件的工作状态，实现对开关磁阻电机运行状态的控制。位置传感器负责提供控制器转子位置信息，保证在合适的时刻接通或者断开。

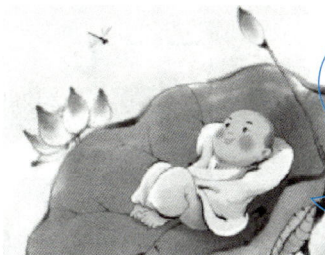

请大家查找资料并对比，直流电机、交流异步电机、永磁同步电机和开关磁阻电机的优缺点及目前主要应用车型。

3.2.5 电机位置传感器

在电机的控制中，电机控制器需要获得电机转子的位置、旋向、转速等参数，以便进行相关控制，而这些参数的获得包括有位置传感器和无位置传感器两种检测法。无位置传感器控制通过检测计算与转子位置有关物理量来间接获得转子信息位置，因省去传感器，对电机体积、成本、可靠性等均有好处，但目前还处于研发阶段。采用位置传感器检测的，根据其应用的原理不同，常用的电机位置传感器包括电磁式、磁敏式、光电式三种类型，本书中主要介绍电磁式位置传感器（旋转变压器）。

1. 电磁式位置传感器的结构

通过电磁式位置传感器确定电机转子的位置，便于电机控制器输出正确相位和频率的电压，控制电机运转。电磁式位置传感器转子安装在电机转子上，随其共同转动，电磁式位置传感器定子安装在驱动电机后端盖上。比亚迪 e6 电动汽车驱动电机旋变总成如图 3-2-18 所示。

旋变转子总成

旋变定子总成

图 3-2-18　比亚迪 e6 电动汽车驱动电机旋变总成

2. 电磁式位置传感器的工作原理

电磁式位置传感器相当于一台可以转动的变压器。当励磁绕组以一定频率的交流电压励磁时，输出绕组的电压幅值与转子转角成正弦、余弦函数关系，或保持某一比例关系，或在一定转角范围内与转角呈线性关系，如图 3-2-19 所示。

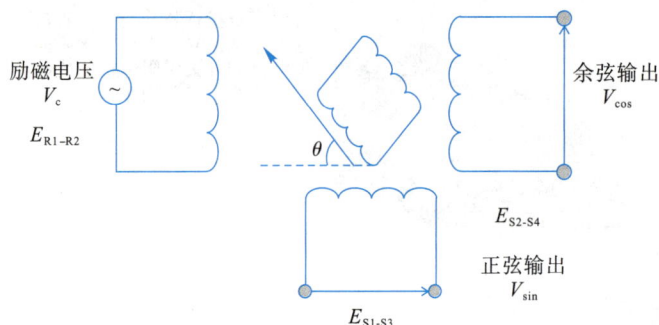

θ—转子转动；E_{R1-R2}—初级线圈电压（励磁电压）；E_{S1-S3}，E_{S2-S4}—输出电压。

图 3-2-19 旋转变压器工作原理

旋转变压器定子上绕有励磁绕组、正弦绕组和余弦绕组。每个齿上的励磁绕组匝数相等，相邻两齿励磁绕组绕向相反。转子上有 4 个凸起，电机工作时，旋转变压器定子绕组上的励磁绕组产生频率为 10 kHz，幅值为 7.5 V 的正弦波形作为基准信号。当电机转子与旋转变压器转子一起转动时，旋转变压器转子转过定子线圈，改变了定子线圈与转子之间的磁通，使得正弦绕组和余弦绕组受励磁绕组感应，信号幅值产生一定变化，呈正弦和余弦波形。波形的幅值和相位因与电机转子同转的旋转变压器转子的变化而变化，由此可判断出电机转子的位置、转速及旋转方向。

3.2.6 电机控制器

电机控制器控制动力电源与电机之间能量传输的装置，由控制信号接口电路、电机控制电路和驱动电路组成。电机控制器（Motor Control Unit，MCU）是驱动电机系统的控制中心。

1. 电机控制器的功能

电机控制器的主要功能是控制电机的旋转速度、旋转方向以及再生能量回收。不同厂家生产的电机控制器功能不尽相同，但大体包含的功能列于表 3-2-1 中。

表 3-2-1 电机控制器功能

序号	电机控制器功能	备注
1	控制电机正、反转	挡位手柄置于 D 挡时控制电机正转，挡位手柄置于 R 挡时控制电机反转
2	控制电机加、减速	在控制器控制电机运行时，油门开度增大电机转速变快，油门开度减小电机的转速变慢

序号	电机控制器功能	备注
3	控制电机启动、停止	当挡位手柄置于 D 挡或 R 挡时电机启动，在踩脚刹踏板或拉驻车手柄或挡位手柄置 N 挡或 P 挡时电机停止
4	CAN 通信	通过 CAN 总线能接收控制指令和发送电机参数，及时把挡位信息、电机转速、电机电流、旋转方向传给相关 ECU，接收其他 ECU 传递的信息，如电压、电量等信息
5	检测电机转子的位置	根据旋转变压器等位置传感器采集的电机转子位置角度实现电机相应控制
6	过流、过压、过温保护	当电机过温，散热器过温，功率器过流、过压、过温时发出保护信号，停止控制器运行
7	刹车制动与能量回馈	刹车时能实现电机的制动、能量回馈

2. 电机控制器结构

电机控制器以绝缘栅双极型晶体管(Insulated Gate Bipolar Transistor，IGBT)模块为核心，主要由控制板、冷却水道、UVW 高压插件、直流高压插件、IGBT 模块及驱动板组成，如图 3 - 2 - 20 所示。

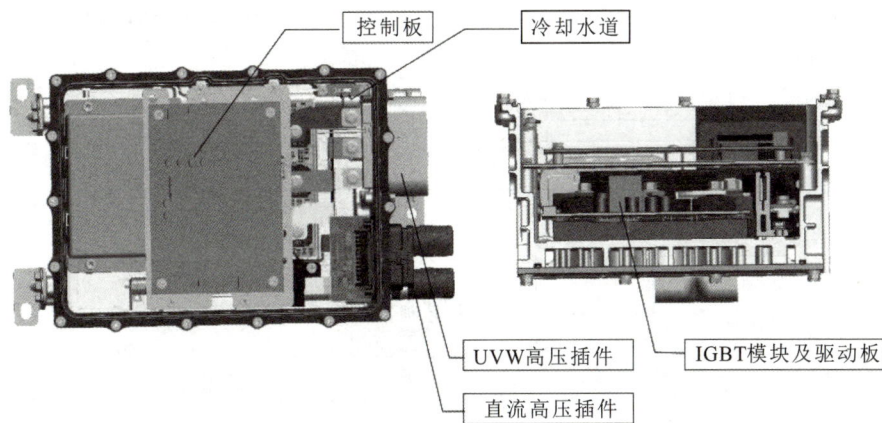

图 3 - 2 - 20　电机控制器结构

驱动电机控制器内部设有故障诊断电路，当诊断出系统异常时会激活一个错误代码，发送给整车控制器，同时也会存储该故障码和数据。

3. 电机控制器工作原理

电机控制器是通过调节电压大小、频率高低、相位变化等参数来控制电机的运转，即通过相应的电力转换来控制电机工作的。所谓的电力转换就是直流与交流、电压与频率的转换。电力转换形式有交流→直流转换、直流→交流转换、直流→直流转换和交流→交流转换，如图 3-2-21 所示。

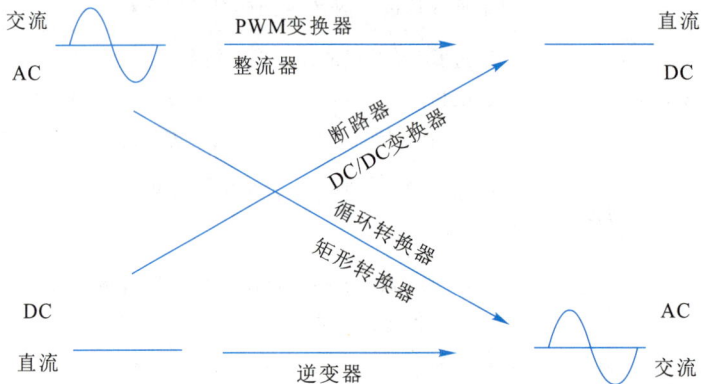

图 3-2-21　电力转换形式

　　电机控制器接收挡位开关、油门位置、旋转变压器、制动等信号，经过判断和逻辑运算之后控制电机的正反转以及转速，电机控制器工作框架如图 3-2-22 所示。电机控制器内部主要包括控制电路板和驱动电路板两部分。控制电路板以信号采集、旋变解码、模数转换以及 CAN 通信功能为主，并计算出所需占空比，产生正弦脉宽调制信号。驱动电路板以电源控制、功率调节为主，通过 IGBT 向驱动电机输送 U、V、W 三相交流电。

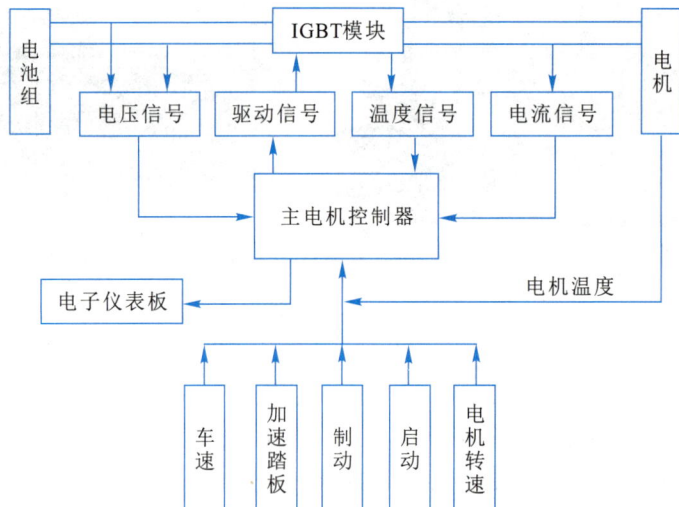

图 3-2-22　电机控制器工作框架

任务总结

（1）直流电机主要有直流有刷电机和永磁无刷直流电机两种。

（2）永磁无刷直流电机最大的特点是具有直流电机的良好外特性，而没有换向器和电刷组成的机械接触结构，所以运行可靠、寿命长、维修简便，具有更大的能量密度和更高的效率。

（3）交流感应电机又叫异步电机，与直流电机相比，交流电机结构简单、制造方便、比较牢固，容易做成高转速、高电压、大电流、大容量的电机。

（4）开关磁阻电机控制系统主要由4部分组成：开关磁阻电机、功率变换器、控制器及位置传感器。

（5）旋转变压器（简称旋变），又称为解析器或同步分解器，是转子位置传感器，用于确定电机转子的位置，便于电机控制器输出正确相位和频率的电压控制电机运转。

（6）电机控制器是通过调节电压大小、频率高低、相位变化等参数来控制电机的运转，即通过相应的电力转换来控制电机工作的。

思考题

1. 填空题

（1）直流电机主要有_____和_____两种。

（2）交流感应电机首先通过_____产生旋转的磁场，转子绕组切割磁感线产生感应电动势，从而使转子绕组中产生_____。转子绕组中的感应电流与磁场相互作用，产生_____使转子旋转。

（3）永磁同步电机按永磁体结构分类，可分为_____和_____同步电机。

（4）开关磁阻电机的定子和转子均为_____结构，定子和转子的齿数_____，转子齿数一般比定子齿数少2个。

（5）开关磁阻电机控制系统主要由4部分组成：_____、_____、_____及位置传感器。

（6）电机控制器的主要功能是控制电机的_____、_____以及再生能量回收。

2. 简答题

（1）永磁无刷直流电机有哪些特点？

（2）简述电机控制器的主要功能。

任务 3.3　驱动电机及控制系统故障检修

情景导入

甲：你知道在电动汽车中，这个故障灯 ⚡ 亮了代表出现了什么故障吗？

乙：这个故障灯点亮代表的是动力系统出现了故障，当这个警告灯常亮时，应立即停车送服务站检查，否则将毁坏电机。

当驱动电机相关故障灯点亮时，我们要及时停车检修，否则将出现严重损坏。

学习目标

(1)掌握驱动电机及电机控制器的维护与保养的方法。

(2)掌握驱动电机控制器的拆解和检修方法。

(3)掌握驱动电机的拆解和检修方法。

3.3.1　电机与控制器的维护与保养

1. 电机的维护与保养

在对驱动电机进行维护之前应当首先下电，然后根据以下步骤进行。

(1)检查高、低压线束插件是否插接牢靠(需下电)。

(2)检查电机轴承是否有油脂漏出。

(3)检查电机温度传感器和速度传感器连接是否正常，接插件不要虚接。

(4)温度传感器的电阻值应当符合维修手册的要求。

(5)检查车辆运行过程中驱动电机是否有异响，注意区分是机械噪声(类似"咔咔""哒哒"声)，还是电磁噪声(类似"嗞——"，频率高，刺耳)，如果是后者，可暂时不考虑处理。

(6)检查驱动电机安装是否牢靠，紧固螺栓是否松动。

(7)检查驱动电机与减速器轴花键状态，如花键表面油脂有流失需及时补充。

2. 电机控制器的维护与保养

在对驱动电机控制器进行维护之前应当首先断电，然后根据以下步骤进行。

(1)外观。定期检查控制器外壳，外壳若有明显的破损和裂痕须及时联系厂家更换。

(2)螺钉。定期检查螺钉的紧固程度。紧固时应将螺钉紧固至规定力矩，且摇动控制器的线束时以螺钉不晃动为宜。如生锈须及时更换螺钉。

（3）配件检查。定期检查控制器上的熔断器是否完好，如有熔断器发黑或烧熔现象应及时联系厂家更换保险。定期检查控制器底部风扇是否工作，如风扇不转应检查风扇插头是否松动或更换风扇。

（4）保养时的注意事项。因控制器为高压带电部件，故人员在对控制器进行一系列操作时应首先确保控制器断电。控制器断电的判断方法：关掉车辆钥匙，仪表熄灭，关掉车辆急停开关。有条件可用万用表测试控制器上 B＋ 与 B－（输入端电压正负极）之间的电压，若为零则说明控制器已经断电。

3.3.2　电机控制器总成拆装

电机控制器主要有电动/发电模式控制、扭矩控制、故障检测与保护、CAN 通信以及诊断功能。常见故障有内部传感器损坏、控制电路板失效、IGBT 模块失效等，故障现象均为车辆无法行驶，同时仪表上面的电机故障灯点亮。

以北汽新能源 EV160 车型为例，电机控制器拆装步骤如下（注意穿戴好高压安全防护用品）。

（1）关闭点火开关，拆卸低压蓄电池负极，并用绝缘胶带包裹蓄电池负极连接线。

（2）完成高压断电、验电与放电操作（若整车配置有维护插接器，则一定要先拆卸）。

（3）放出冷却液，拆卸电机控制器冷却液管路，如图 3-3-1 所示。

（4）拆卸电机控制器低压线束，如图 3-3-2 所示。

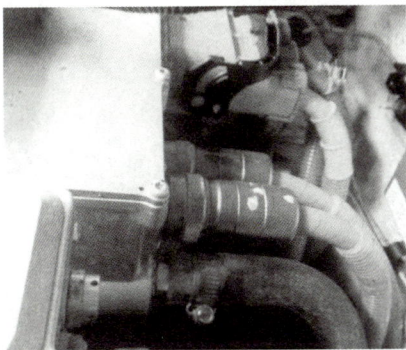

图 3-3-1　拆卸电机控制器冷却液管路

图 3-3-2　拆卸电机控制器低压线束

（5）拆卸电机控制器高压线束，并用万用表测量有无剩余电压，利用放电工装释放剩余电压。

（6）拆卸电机控制器的固定螺栓，然后取下控制器。

（7）检查电机控制器线束插接件端子有无弯曲变形或导线环脱落现象，如图 3-3-3 所示。

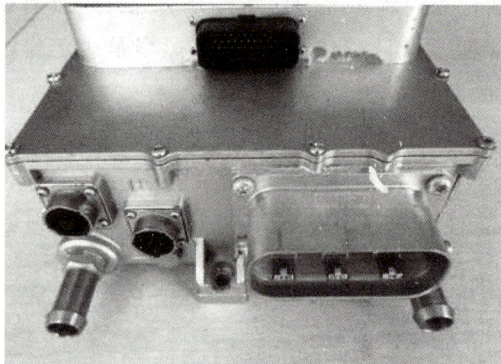

图 3-3-3　检查电机控制器线束插接件端子

（8）按照与拆卸相反的顺序安装电机控制器，然后添加同型号的冷却液至规定的液面高度。

（9）车辆复位后打开点火开关，检查上电是否正常，路试车辆运转是否正常。

3.3.3　驱动电机检测

1. 电机缺相检测

电机缺相是指电机内部某相绕组线圈发生不通电或阻值过大过小的故障，其主要原因为某相线圈烧蚀、线圈断路或接线端子烧蚀等。

（1）拆卸驱动电机高压接线盒盖板。

（2）检查电机动力电缆接头有无烧蚀现象，如图 3-3-4 所示。

图 3-3-4　检查电机动力电缆接头

（3）拆卸 U、V、W（驱动电机三相输入电源端子）三相线，用万用表电阻挡分别测量 AB、BC、AC（A、B、C 分别为三相绕相端子）之间的阻值，相互之间的差值大于

0.5 Ω 即判定为电机缺相，需要更换驱动电机。

2. 电机绝缘检测

电机发生绝缘故障通常是由电机内部进水、绝缘层受热失效或绕组烧蚀对地短路等原因引起的。当电机发生绝缘故障时往往会报出电机控制器故障或整车绝缘故障，进行电机绝缘检测时必须要断开高压线路，用兆欧表对其进行绝缘检测。

（1）打开电机接线盒盖板，拆卸动力电缆，将线缆与安装底座完全分离，如图 3-3-5 所示。

图 3-3-5　拆卸动力电缆

（2）绝缘表选择测试电压 500 V 量程，分别测量三相绕组的对地绝缘阻值，测试结果均应大于 20 MΩ。若低于此值说明驱动电机损坏，需进行更换。

3.3.4　电机控制器常见故障维修

电机控制器常见故障及维修方法见表 3-3-1。

表 3-3-1　电机控制器常见故障及维修方法

序号	故障现象	可能原因	维修方法
1	电机运行不平稳，发生抖动	（1）相序不对； （2）电机缺相； （3）位置传感器故障	（1）检查控制器与电机的三相出线连接是否正确，是否与出线上的标记对应； （2）检查控制器与电机三相接线可靠连接； （3）检查电机位置信号连线是否完好，插头是否接触良好，以及端子是否完好

序号	故障现象	可能原因	维修方法
2	踩下加速踏板，电机不转	（1）控制信号未输入；（2）位置传感器故障；（3）控制器温度过高	（1）检查各开关信号是否到达控制器，以及加速踏板位置传感器供电是否正常，输出是否正常；（2）检查电机位置传感器连线是否完好，插头是否接触良好，以及端子是否完好；（3）控制器温度过高将触发过温保护，等待控制器温度下降到正常值，并检查风扇
3	挡位挂上后，在未踩加速踏板的情况下电机开始旋转，或踩加速踏板时感觉空行程过大	（1）加速踏板位置传感器输出电压过高；（2）加速踏板位置传感器输出电压过低	更换符合控制器要求的加速踏板位置传感器
4	仪表无挡位和转速信号，车辆可以正常运行	（1）电机控制器CAN总线通信故障；（2）仪表故障；（3）线束故障	（1）检查电机控制器插接件是否接触良好，以及端子是否完好；（2）检查仪表及线束是否正常
5	没有故障码，车辆不能运行	（1）电机控制器故障；（2）换挡机构故障；（3）制动踏板故障	（1）检查电机控制器插接件是否接触良好，端子是否完好；（2）将变速杆换到前进挡或倒挡，检查挡位信号是否正常，否则为换挡机构故障；（3）在不踩制动踏板的情况下，检查制动信号是否有12 V信号，如果有则说明制动踏板有故障
6	电机控制器有异响	电机控制器风扇	检查电机控制器风扇的防护罩，是否有凹陷或松动
7	车辆正常运行过程中，突然出现动力中断，或者车辆时而能运行时而不能运行	（1）电机控制器；（2）换挡机构；（3）制动踏板	（1）在故障出现时查看故障码，确认故障；（2）将挡位分别置于空挡、D挡和R挡，看仪表显示是否正确，若不正确，则检查挡位控制器；（3）检查制动踏板信号发生故障时电压是否为12 V

注：如需拔插电机控制器上高压插接件时，必须在点火开关打开OFF位置，并拆卸低压蓄电池负极，断开动力蓄电池高压25 s后确定系统已断电，再进行相关操作。如遇到其他情况不能确认原因，须及时联系厂家相关技术人员。

3.3.5　驱动电机常见故障维修

驱动电机常见故障及维修方法见表3-3-2。

表 3 - 3 - 2　驱动电机常见故障及维修方法

序号	故障现象	可能原因	维修方法
1	车辆无法运行，报故障码	（1）相序不对或三相插接件未接好；（2）电机旋转，变压器线或插接件损坏	（1）检查电机控制器与电机的三相线连接是否正确，是否与出线上的标记对应；（2）检查控制器与电机三相线连接是否牢固；（3）检查电机位置信号连线是否完好，插头是否接触良好，端子是否完好；（4）若故障码一直存在，则有可能是控制器出现故障
2	启动车辆抖动，无法加速	（1）相序不对或三相插接件未接好；（2）电机传感器位置偏离	（1）检查电机控制器与电机的三相线连接是否正确，是否与出线上的标记对应；（2）检查控制器与电机三相线是否牢固；（3）若确认电机插接件都没有问题，则说明电机位置传感器偏离，否则说明电机有故障
3	车辆加速时或速度在 50～80 km/h 出现"嗡嗡"的剧烈异响	电机轴承损坏	若加速时发生异响，一般电机故障的可能性较大；若只在滑行时产生异响，加速时没有，则说明减速器出现故障的可能性较大
4	车辆无法运行，检测发现绝缘故障	（1）电机三相线绝缘故障；（2）电机内部绕组绝缘故障	确定为电机故障
5	电机漏油	（1）电机油封损坏；（2）减速器与电机装配螺栓松动	（1）检查漏油点部位，如在电机与减速器连接端面处，则检查螺栓松动；（2）如果漏油处在电机端盖与电机机壳缝隙处，则可能为电机油封损坏，需更换油封并清理电机内部（该故障一定要及时处理，以免减速器油进入电机内部损坏电机轴承和绕组）

任务总结

（1）在对驱动电机及驱动电机控制器进行维护之前应当首先下电，然后根据正确步骤进行。

（2）电机缺相是指电机内部某相绕组线圈发生不通电或阻值过大过小的故障，其主要原因为某相线圈烧蚀、线圈断路或接线端子烧蚀等。

（3）控制器断电的判断方法：关掉车辆钥匙，仪表熄灭，关掉车辆急停开关。有条件可用万用表测试控制器上 B＋与 B－之间的电压，若为零则说明控制器已经断电。

（4）电机发生绝缘故障通常是由电机内部进水、绝缘层受热失效或绕组烧蚀对地短路等原因引起的。当电机发生绝缘故障时往往会报出电机控制器故障或整车绝缘故障，进行电机绝缘检测时必须要断开高压线路，用兆欧表对其进行绝缘检测。

思考题

1. 填空题

（1）在对驱动电机及驱动电机控制器进行维护之前应当首先_____，然后根据正确步骤进行。

（2）电机缺相是指电机内部某相绕组线圈发生_____或_____过大过小的故障，其主要原因为某相线圈烧蚀、线圈断路或接线端子烧蚀等。

（3）当电机发生_____故障时往往会报出电机控制器故障或整车绝缘故障，进行电机绝缘检测时必须要_____高压线路，用兆欧表对其进行绝缘检测。

2. 简答题

（1）简述电机控制器总成拆装步骤。

（2）简述电机绝缘检测方法。

辅助电气系统

任务 **4.1** 电动汽车空调系统

情景导入

甲：电动汽车空调系统与传统汽车的空调系统相同吗？

乙：传统汽车的空调压缩机由发动机驱动，电动汽车空调压缩机由电动机驱动。

乙说的是否完全对呢？让我们带着这个问题来学习本任务。

学习目标

(1)掌握电动汽车空调系统的结构特点及工作原理。

(2)熟悉电动汽车暖风系统的结构特点及工作原理。

(3)学会电动空调系统的常见故障分析与诊断。

(4)培养良好的职业道德与安全、环保意识。

4.1.1　电动汽车空调系统结构特点

汽车空调系统具有制冷、采暖、除霜、除雾以及通风换气的功能，由制冷、供暖、通风、控制等部分组成。

电动汽车空调系统与传统汽车基本相同，主要区别是制冷采用了电动压缩机、制热采用了电加热方式。

常规汽车制冷压缩机靠发动机带动转动，如图 4-1-1 所示，其转速只能被动地通过发动机调节。电动汽车的压缩机为电动压缩机，其转速调节范围在 0～4 000 r/min，具有良好的制冷效果，同时还可以节约电能。

常规汽车制热是靠发动机冷却液的热量来制热，在发动机起动与暖机阶段制热效果差。纯电动汽车没有发动机，通常是利用电加热的方式来产生暖风的。电加热的方式有两种：一种是通过加热冷却液，再经过循环，为暖风冷却液箱提供热量；另一种是直接加热经过蒸发箱的空气实现暖风。

(a) 传统汽车传动带驱动空调压缩机　　　(b) 新能源汽车电驱动压缩机

图 4-1-1　传统汽车与电动汽车空调压缩机的区别

　　电动汽车送风系统与传统汽车基本相同，空气通过蒸发器和热交换器形成冷风/暖风和风速，根据用户的需要输送到指定出风口。电动汽车送风系统的组成如图 4-1-2 所示，空气流向增加了暖风系统的热交换器。

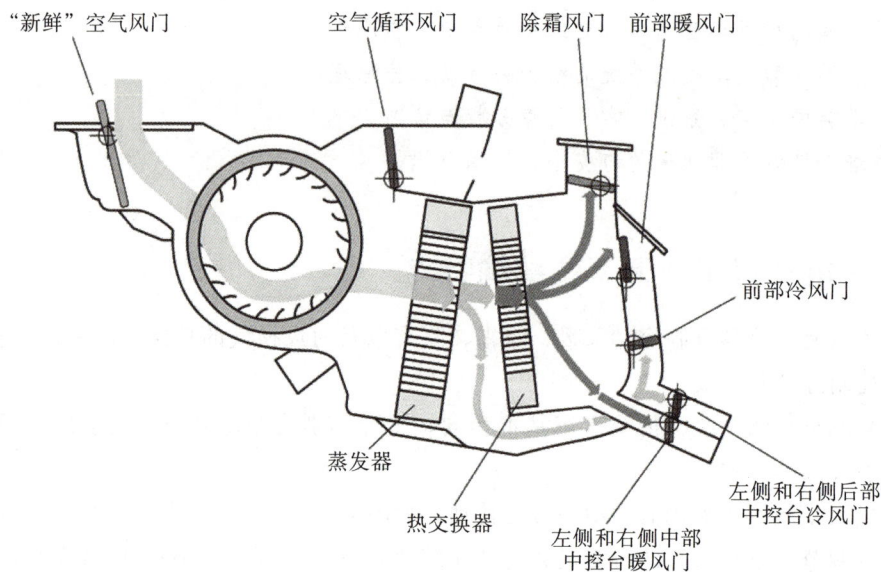

图 4-1-2　电动汽车送风系统的组成

4.1.2 电动汽车制冷系统

1. 电动汽车空调制冷系统结构

下面以比亚迪 e6 为例,介绍空调系统的组成。

比亚迪电动空调系统的组成与传统车型相似:主要由空调系统总成空调箱体(Heating,Ventilation,Air Conditioning;HVAC)、空调管路、电动压缩机、冷凝器、空调控制面板及相关传感器、空调驱动器等组成。其中空调驱动器与 DC/DC 变换器布置于同一壳体中,位于前舱左侧。电加热模块——正温度系数热敏电阻(Positive Temperature Coefficient,PTC)取代了暖风芯体,不在 HVAC 总成中。比亚迪 e6 空调系统制冷及送风系统的组成如图 4-1-3 所示。

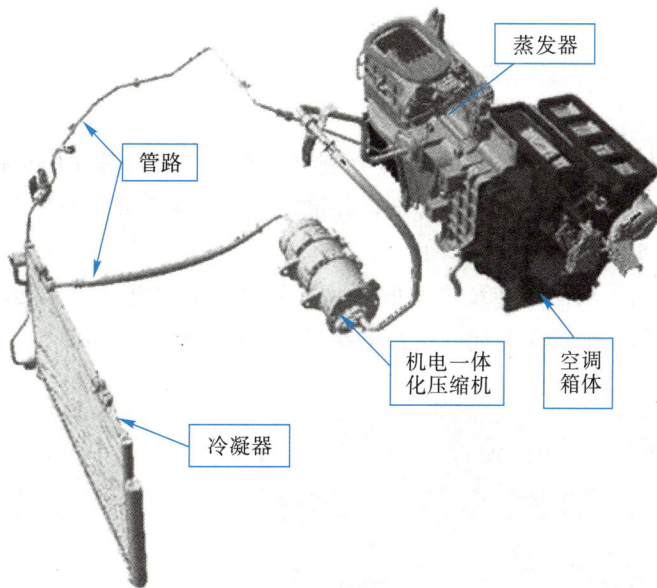

图 4-1-3 比亚迪 e6 空调制冷及送风系统的组成

2. 电动汽车制冷系统工作原理

如图 4-1-4 所示,高温高压气态的制冷剂经过冷凝器时释放热量转为液态,制冷剂流经膨胀阀在节流的作用下以雾状的形式进入蒸发箱,制冷剂在蒸发箱内吸收大量的热量迅速蒸发,转为中温低压的气态形式,再次被空调压缩机抽走,如此循环反复。与此同时,蒸发器附近被冷却后的空气通过鼓风机吹入车厢,达到给车厢内降温的目的。

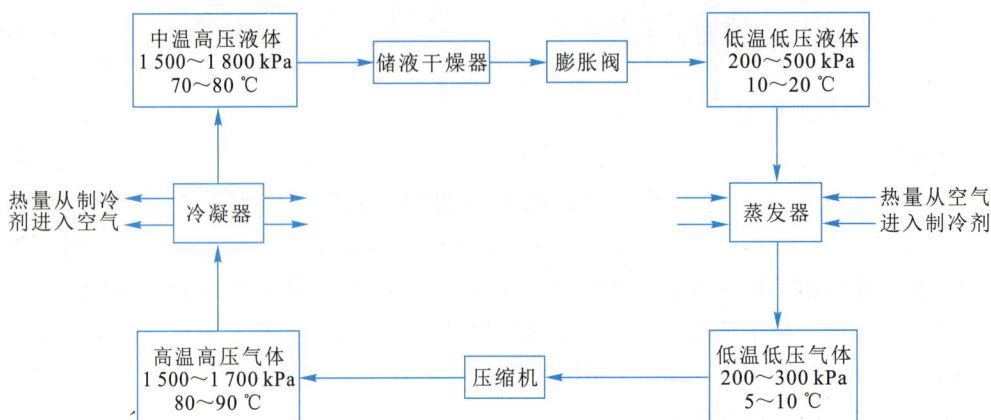

图 4-1-4　空调制冷原理

3. 电动汽车制冷系统主要部件

1）电动压缩机

(1)压缩机的作用。压缩机是汽车空调制冷装置的心脏，其作用是将低温低压的气态制冷剂压缩成高温高压的气态制冷剂，并推动制冷剂在系统中循环流动。

(2)比亚迪 e6 压缩机的结构及工作原理。

电动空调压缩机取消了传统汽车的外驱式带轮，采用电动机驱动，电动机一般与压缩机组装成一体，形成全封闭结构。电动涡旋式空调机结构如图 4-1-5 所示。

图 4-1-5　电动涡旋式空调压缩机结构

这种结构形式灵活方便，可布置在发动机舱内任何位置，而且电动机与压缩机可采取同轴驱动，不会出现传统驱动方式的传动带打滑、压缩机转速与发动机转速不同步的现象。由于电动机同轴驱动压缩机，可通过调节电动机转速改变压缩机转速，实现空调压缩机排量及制冷量的灵活控制。封闭式的驱动结构，只有电源线及进出气管与外部联系，泵气装置运行的可靠性较高，故障率较低。

电动空调压缩机一般采用泵气效率较高的涡旋式压缩机，与其他诸多类型的空调压缩机（如斜盘式、曲柄连杆式、叶片式等压缩机）相比，涡旋式压缩机具有振动小、噪声低、使用寿命长、重量轻、转速高、效率高、外形尺寸小等优点。

涡旋式压缩机包括一个定涡盘和一个动涡盘，这两个相互啮合的涡盘，其线型是相同的，它们相互错开180°安装在一起，即相位角相差180°。涡旋式压缩机的基本构造和工作原理如图4-1-6所示，其定涡盘固定在机架上，而动涡盘由电动机直接驱动。动涡盘是不能自转的，只能围绕定涡盘作很小回转半径的公转运动。当驱动电动机旋转带动动涡盘公转时，制冷气体通过滤芯吸入到定涡盘的外围部分，随着驱动轴的旋转，动涡盘在定涡盘内按轨迹运转，使动、定涡盘之间形成由外向内体积逐渐缩小的六个腔：A腔、B腔、C腔、D腔、E腔和F腔，制冷气体在动、定涡盘所组成的六个月牙形压缩腔内被逐步压缩，最后从定涡盘中心孔通过阀片将被压缩后的制冷气体连续排出。

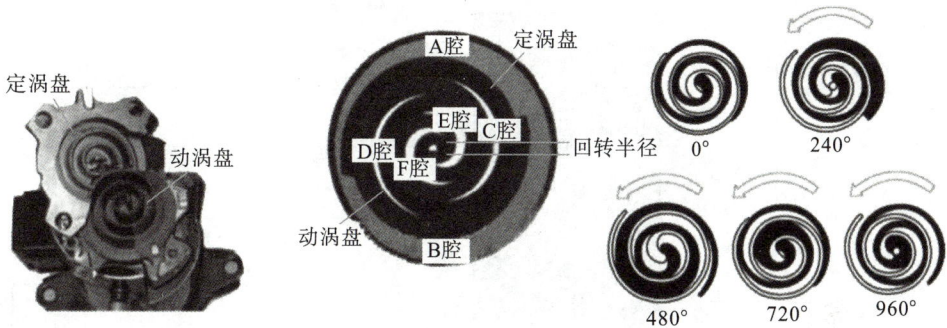

图4-1-6 涡旋式压缩机的基本构造和工作原理

在压缩机整个工作过程中，所有工作腔均由外向内逐渐变小且处于不同的压缩状况，从而保证涡旋式压缩机能连续不断地吸气、压缩和排气。虽然涡旋式压缩机每次排出制冷剂的气量较小，其排出量为27~30 cm^3，但由于其动涡盘可作高达9 000~13 000 r/min的公转，所以它的总排量足够大，能满足车辆空调制冷的需求，当然压缩机的功耗也较大，可达4~7 kW。

（3）比亚迪e6压缩机的电路。比亚迪e6压缩机的接线图如图4-1-7所示，电路如图4-1-8所示。

输向压缩机　　输向PTC　　高压输入

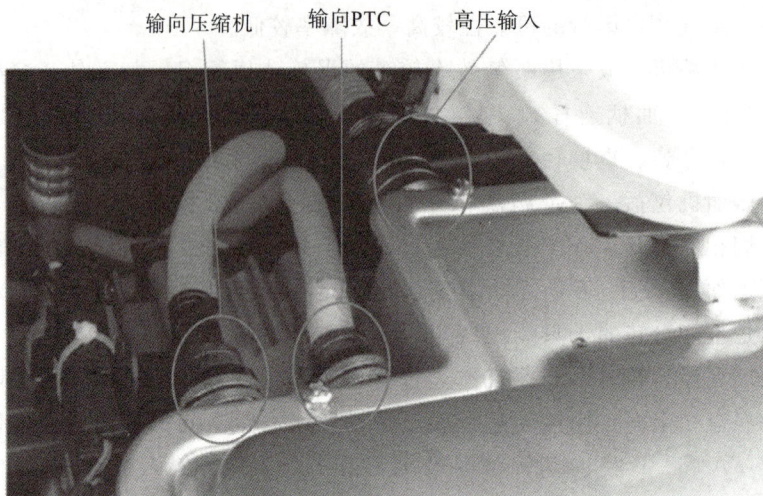

图 4-1-7　比亚迪 e6 压缩机接线图

图 4-1-8　比亚迪 e6 电动压缩机电路

（4）比亚迪 e6 压缩机的工作参数。比亚迪 e6 压缩机的工作参数如下：

工作电压：320 V。

制冷剂型号和加注量：R134a，550 g。

压缩机油型号和加注量：POE68，120 mL。

2）空调驱动电机及其变频器

驱动电动空调压缩机运转的是三相永磁同步电动机，而向空调三相电动机供电的

则是三相高压交流电。电动汽车的蓄电池只能提供直流电，为此必须要将电池直流电
转换为交流电，这个任务就由变频器承担，由它产生向空调压缩机和三相永磁同步电
动机供电的交流电源。电动空调的变频器使用了 6 个绝缘栅极双极型晶体管（IGBT），
如图 4-1-9 所示，当 6 个 IGBT 的栅极按一定规律轮流加上占空比脉冲调制控制电压
时，就会让电池的直流高压电流经过变频器，在输出端形成三相正弦交流电流，利于
三相永磁同步电动机平稳运转并产生转矩以驱动空调压缩机。图 4-1-9 中与 IGBT 并
联的二极管是电动机三相绕组的续流二极管。

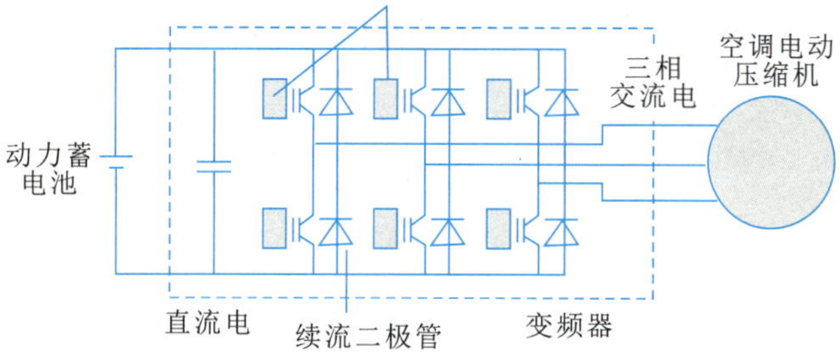

图 4-1-9　电动空调变频原理

通过控制永磁同步电动机定子各相绕组的通电频率及电流大小，可精确地调节电
动机转子的转速与转矩，并能直接控制压缩机的转速，调节制冷剂的排量，以适应汽
车运行对空调系统的不同工况要求。

4.1.3　电动汽车制热系统

电动汽车空调的供暖系统热源，因电动汽车的形式有所不同。混合动力汽车虽然
有发动机，但是车辆行驶时发动机可运行也可不运行，如强混电动汽车可单纯利用电
力驱动行驶，不以发动机为动力，纯电动汽车没有发动机，所以有的电动汽车空调采
用传统发动机循环冷却水作热源，而当发动机不运转时，则由半导体 PTC 元件加热，
或由储热水罐供热。

PTC 是一种新型的热敏电阻材料，其主要用途有开关功能和发热功能两大类。
PTC 具有性能稳定、升温速度快，受电源波动影响小等特点。PTC 制成的各种加热产
品已经成为电阻丝类加热材料的理想替代品，目前已大量应用于汽车空调系统。

PTC 加热器是采用热敏陶瓷元件和波纹散热铝条经高温胶黏而成，具有热阻小、
换热效率高等优点，是一种自动恒温、节省电能的电加热器产品。它最突出的特点是
安全性能好，任何情况下都不会发生类似电热管类加热器表面"发红"的现象，从而引
起烫伤或火灾等安全隐患。

PTC 加热器的温度调节是靠自身材料特性，不需要专门温度传感器进行温度反馈
的。加热器本体的设计加热温度在 200 ℃ 以下有多个档次，任何情况下使用均不发红

且有保护隔离层。

PTC 加热器的电能消耗小，高发热效率的材料也大幅提升了电能的利用效率。PTC 加热器可从小功率到大功率之间任意设计，外形也可按要求设计，还具有升温迅速、使用寿命长以及电压使用范围宽，可在 12~380 V 之间根据需要进行设定等优点。新能源汽车制热方式主要有 PTC 水加热器和 PTC 加热两种。

(1)PTC 水加热器。PTC 水加热器是通过加热冷却液的方式完成车辆制热功能的。先利用水泵将储液壶里面的冷却液泵入 PTC 水加热器内，然后由 PTC 对其进行加热，加热后的冷却液流经暖风水箱使周围的空气温度上升，通过鼓风机将热量输送至空调出风口，以此提高车内温度，最后冷却液再流回储液壶，如此循环。PTC 水加热器系统结构如图 4-1-10 所示。

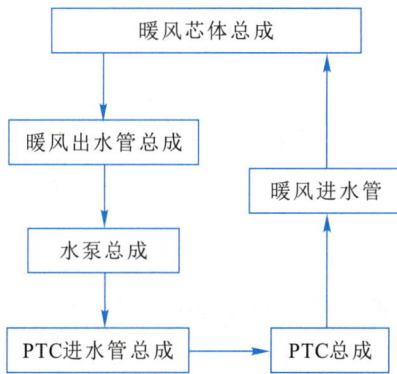

图 4-1-10　PTC 水加热器系统结构

(2)PTC 加热器。PTC 加热器安装在空调蒸发箱上面，主要由控制器、散热器、加热元件以及塑料框架等部件组成。

PTC 加热器外观如图 4-1-11 所示。

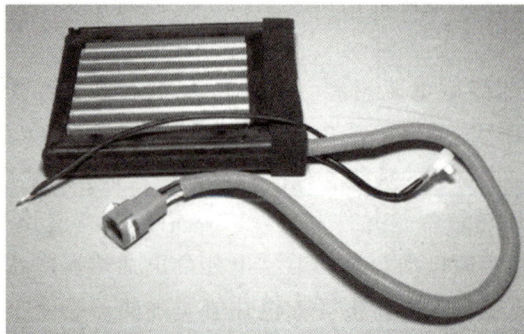

图 4-1-11　PTC 加热器外观

PTC 加热器由两组波纹铝制半导体材料组成。空调控制器可以使两组波纹铝制半导体独立或同时工作，以满足车辆的加热需求。

PTC 加热器的结构如图 4-1-12 所示。

图 4-1-12　PTC 加热器的结构

PTC 元件温度与电阻的特性曲线如图 4-1-13 所示。当对元件通电时，其电阻会随着温度的升高而呈现缓慢下降的趋势，也就是其常温下的发热量较低。吹出气体的温度最高可达 85 ℃，可完全满足空调制热的要求，如果高于 85 ℃，则 PTC 电阻变得极大，实际表现为自动停止工作。作为加热用的陶瓷 PTC 元件，具有自动恒温的特性可省去一套复杂的温控线路，而且其工作电压可高达 1 000 V，可直接由电池的高压供电。

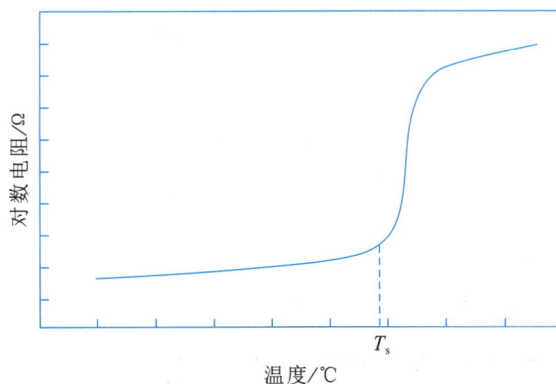

图 4-1-13　PTC 元件温度与电阻的特性曲线

空调制热系统的控制原理如图 4-1-14 所示，通过操作空调控制面板上的旋钮 A/C 开关，选择暖风挡位，此时，暖风选择控制信号会传递给 VCU，VCU 通过 CAN 通信线将控制信息传递给 PTC 控制模块，由 PTC 控制模块驱动 PTC 电加热丝，通过 PTC 电阻加热元件产生的热量，使附近区域空气迅速升温，并结合不同的送风模式，送达指定的车厢区域。

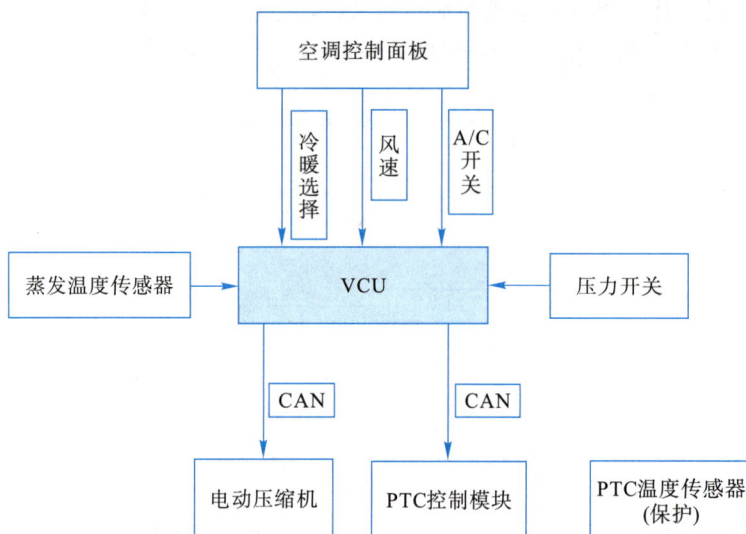

图 4-1-14　空调制热系统的控制原理

4.1.4　电动汽车空调系统常见故障与排除

1. 空调的使用维护与维修注意事项

空调系统的维护内容：使用绝缘仪或万用表测量部件绝缘电阻阻值；测量进出风口温度、湿度；测量并判断制冷与制热能力；定期更换空调滤芯等。空调系统维护与维修操作注意事项见表 4-1-1。

表 4-1-1　空调系统维护与维修操作注意事项

序号	注意事项
1	压缩机绝缘电阻值为 20 MΩ
2	高压部件安全操作
3	拆解后及时密封各管路开口，防止水或湿空气进入系统
4	冷冻油（压缩机润滑油）为 POE68，与传统车（PAG 冷冻油）不同，勿混同
5	连接安装各管路接口时注意管口清洁，O 形圈涂抹冷冻油
6	制冷剂加注量按要求
7	操作时注意佩戴个人安全防护用具，如护目镜、丁腈手套等
8	制冷剂喷出时注意个人防护，避免接触冻伤、吸入或误入眼睛

注：PAG 指聚醚类合成润滑油，POE 指（多元醇酯）合成润滑油。

2. 制冷系统故障排查简要流程

(1)压缩机故障。

①首先确认操作正常。

②检查系统压力是否正常。

③检查空调系统的电路是否存在短路、断路，插接器不良的现象。

④若均正常，可怀疑空调控制面板或整车控制器存在故障，检查电动压缩机控制信号是否正常。

⑤无法检查出外围故障时，则可认定为压缩机自身故障。

(2)PTC控制器故障。

①首先确认操作正常。

②检查系统连接是否正常，是否存在插接件漏插等现象。

③检查高压熔丝(即高压电输入PTC控制器)是否正常。

④建议通过故障诊断仪进行故障检查。

3. 空调系统常见故障分析与排除

(1)制冷系统常见故障。空调制冷系统压力不正常，导致不制冷或制冷效果不佳。制冷系统常见故障与排除见表4-1-2。

表4-1-2　制冷系统常见故障与排除

高压	低压	问题可能原因	可能故障点
高	高	系统整体压力高	①制冷剂加注量过多； ②系统内含空气(抽真空不良)； ③冷冻油过量； ④冷凝器散热不良
高	正常	高压侧故障	①冷凝器散热不良； ②冷凝器内部连通(内漏)； ③冷冻油过量
高	低	高低压分隔点堵塞	①膨胀阀堵塞； ②蒸发器内部堵塞； ③冰堵； ④膨胀阀开度过小； ⑤感温包泄漏
正常	高	低压侧故障	①膨胀阀开度过大； ②制冷剂加注量偏多

高压	低压	问题可能原因	可能故障点
正常	低	高低压分隔点问题	①膨胀阀开度偏小； ②制冷剂加注量偏少； ③感温包泄漏
低	高	压缩机压缩能力不足	①压缩机转速不足； ②压缩机内部连通（内漏）
低	正常	高压侧故障	①制冷剂加注量偏少； ②压缩机工作效率低
低	低	系统整体压力低	①制冷剂加注量过少； ②冷凝器堵塞； ③储液罐堵塞

（2）压缩机常见故障及排除见表 4-1-3。

表 4-1-3　压缩机常见故障及排除

故障名	故障原因	解决措施
空调内部电压故障	内部电路故障，AD 采集电压小于 1.58 V 或大于 1.71 V	更换压缩机
空调内部功率管故障	部分或全部功率管出现短路，功率管故障时，控制器输出电流很大，会使硬件触发过流保护，硬件自动封锁输出	更换压缩机
空调过压故障	当软件检测到电源输入端电压大于 420 V时，输出该故障信号	可恢复
空调欠压故障	当软件检测到电源输入端电压小于 220 V时，输出该故障信号	可恢复 更换高压熔断器 插好高压接插件 更换高压线束
空调过流保护	输出电流大于硬件设定值时，硬件封锁输出并拉低相应输出信号	产生过电流后立即停机保护，30 s 后再次启动，连续 5 次过电流后，停机保护，重新上电后故障码清除，重新检测

(3)PTC 常见故障及排除见表 4－1－4。

表 4－1－4 PTC 常见故障及排除

故障	现象	原因及判断	检测及排除措施
PTC 不工作	启动功能设置后风仍为凉风	①冷暖模式设置不正确； ②PTC 本体断路； ③PTC 控制回路断路； ④内部短路烧毁高压熔丝； ⑤PTC 控制器故障损坏	①检查冷暖设置是否选择较暖方向； ②检查 PTC 本体阻值； ③打开高压保险盒观察指示灯情况及高压熔丝； ④更换 PTC 或高压熔丝盒
PTC 过热	出风温度异常升高或从空调出风口嗅到塑料焦糊烟气味	PTC 控制模块内部 IGBT 损坏（短路，不能断开）	断电更换相关部位

任务总结

(1)汽车空调系统具有制冷、采暖、除霜、除雾以及通风换气的功能，由制冷、供暖、通风、控制等部分组成。

(2)电动汽车空调系统与传统汽车基本相同，主要区别是制冷采用了电动压缩机、制热采用电加热方式。

(3)电动汽车的压缩机为电动压缩机，电动空调压缩机取消了传统汽车的外驱式带轮，采用三相永磁同步电动机驱动。

(4)PTC 是一种新型的热敏电阻材料，其主要用途有开关功能和发热功能两大类。新能源汽车制热方式主要有 PTC 水加热器和 PTC 加热两种。

(5)空调系统的维护内容：使用绝缘仪或万用表测量部件绝缘电阻阻值；测量进出风口温度、湿度；测量并判断制冷与制热能力；定期更换空调滤芯等。

思考题

1. 填空题

(1)新能源汽车空调压缩机靠电力驱动，其转速调节范围在_____ r/min，具有良好的制冷效果，同时也可节约电能。

(2)空调压缩机从蒸发器中抽出气态制冷剂，然后将其以_____的形式压入冷凝器。

(3)比亚迪 e6 电动空调压缩机工作电压为_____，制冷剂型号为_____。

(4)PTC 是一种_____材料。

(5)电动空调压缩机一般采用泵气效率较高的_____压缩机。

2. 判断题

(1)汽车空调系统具有制冷、采暖、除霜、除雾以及通风换气的功能。 （　）

(2)新能源汽车的空调压缩机是通过高压电池提供的电能驱动其运转。 （　）

(3)空调制冷剂流经膨胀阀在节流的作用下以雾状的形式进入蒸发箱。 （　）

(4)PTC主要的用途有开关功能和发热功能两大类。 （　）

(5)PTC最大的特点是安全性能好，任何情况下都不会发生类似于电热管类加热器表面"发红"的现象。 （　）

任务 4.2　电动助力转向系统

情景导入

一辆新能源汽车转向系统发生转向沉重故障，你的主管认为电动转向系统出现故障，要求你进行检查，你能完成这个任务吗？

学习目标

(1)掌握电动转向系统的结构特点。

(2)熟悉电动转向系统的结构原理。

(3)熟悉电动液压转向系统的结构原理。

(4)学会电动转向系统的常见故障分析与诊断。

(5)培养良好的职业道德与安全、环保意识。

4.2.1　电动汽车转向系统结构特点

电动汽车转向系统普遍采用电动转向系统(Electric Power Steering，EPS)或者电动液压转向系统(Electro‐hydraulic Power Steering，EHPS)，它们是在传统的液压动力转向(Hydraulic Power Steering，HPS)系统的基础上发展起来的。HPS需要发动机提供动力，不适合纯电动汽车，而且不论是否需要转向助力，系统总要处于工作状态，能耗较高。由于液压泵的压力很大，容易损坏助力系统。EPS和EHPS采用电动泵驱动转向，不再依靠发动机传动带，它所有的工作状态都是由电子控制单元根据车辆的行驶速度、转向角度等信号计算出的最佳状态，在低速大角度转向时，电子控制单元驱动电子液压泵以高速运转输出较大功率，使转向更省力；汽车在高速行驶时，液压控制单元驱动电子液压泵以较低的速度运转，在不影响高速转向的情况下，可节省一部分发动机功率。

4.2.2　电动助力转向系统

1. 电动助力转向系统的类型

根据助力电机驱动部位和机械结构的不同，可将电动助力转向系统(EPS)分为转向轴助力式、小齿轮助力式和齿条助力式，如图4-2-1所示。

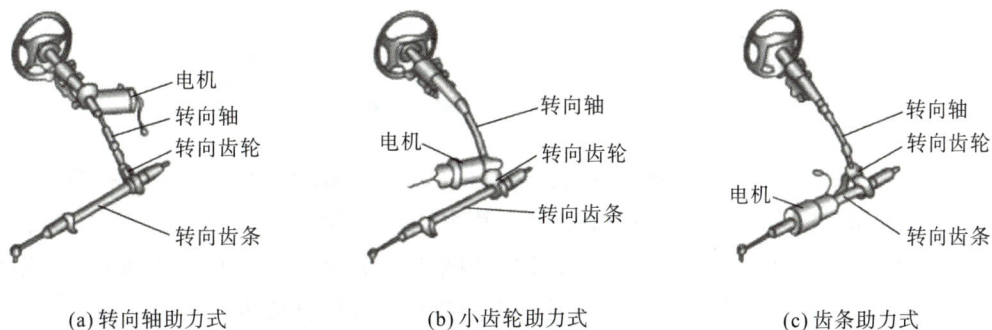

(a)转向轴助力式　　　　　(b)小齿轮助力式　　　　　(c)齿条助力式

图4-2-1　电动助力转向系统的类型

(1)转向轴助力式。转向轴助力式EPS的动力辅助单元、控制器、力矩传感器等均装在转向柱上，系统结构紧凑，无论是固定式转向柱或是倾斜式转向柱以及其他形式转向柱，都能安装。

(2)小齿轮助力式。小齿轮助力式EPS的转矩传感器、助力电机、离合器和转向助力机构仍为一体，只是整体安装在转向小齿轮处，直接给小齿轮助力，这样可获得较大的转向力。另外这种方式可使各部件的布置更方便。因为动力辅助单元在车厢外面，使得即使辅助力矩有很大增加也不会增加车厢内的噪声。

(3)齿条助力式。齿条助力式EPS的转矩传感器单独安装在小齿轮处，电机与转向助力机构一起安装在小齿轮另一端的齿条处，用以给齿条助力。其动力辅助单元可以安装在齿条的任何位置，增加了布置的灵活性。动力辅助单元的大减速比，导致惯性很小，同时打方向盘的感觉非常好。

2. 电动助力转向系统的结构和原理

如图4-2-2所示，电动助力转向系统由转向机(含转向轴柱和减速机构等)、电动机、转矩传感器、EPS控制器等部件组成。EPS控制器根据各传感器输出的信号计算所需的转向助力，并通过功率放大模块控制助力电动机的转动，电动机的输出经过减速机构减速增矩后驱动齿轮齿条机构产生相应的转向助力。

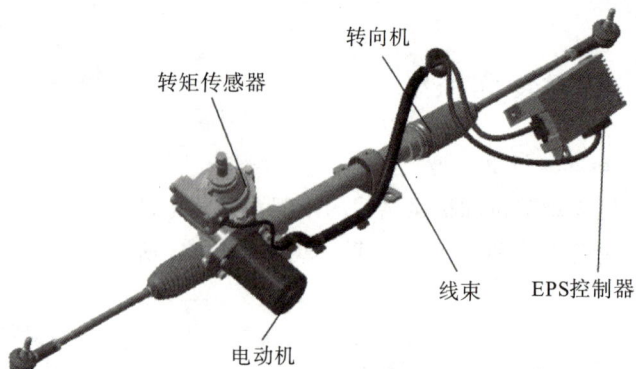

图 4-2-2　电动助力转向系统组成

（1）转向机、转向柱轴、减速机构。转向机与传统的机械转向相同，在打转向盘的同时，帮助用户用力，以减轻用户转向时的用力程度，达到开车时轻松、方便的目的。如图 4-2-3(a)所示，电动机、减速机构和转矩传感器都安装在转向柱轴上，转矩传感器为感应式电阻传感器。减速机构通过蜗杆和蜗轮降低直流电动机的转速并传送到转向柱轴，蜗杆由滚珠轴承支承以减小噪声和摩擦。

（2）电动机。EPS 采用的电动机为小型直流（Direct Current，DC）电动机，可以根据 EPS 控制器的信号产生转向助力。如图 4-2-3(b)所示，直流电动机包括转子、定子和电动机轴，电动机产生的转矩通过联轴器传到蜗杆，转矩又通过蜗轮传送到转向柱轴。

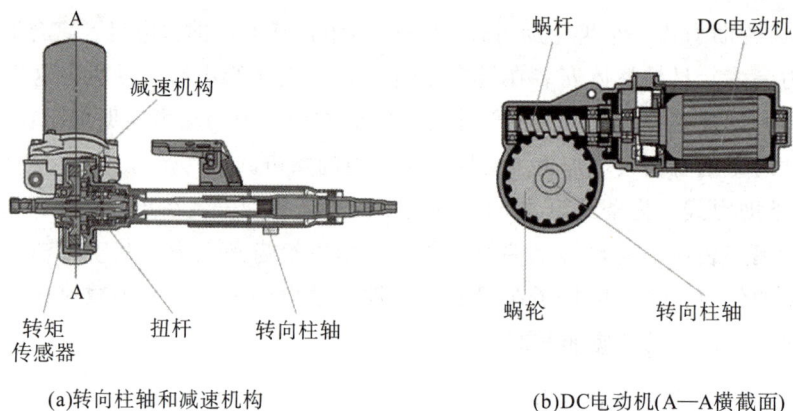

(a)转向柱轴和减速机构　　　　(b)DC电动机(A—A横截面)

图 4-2-3　转向柱轴、减速机构及 DC 电动机

（3）转矩传感器。转矩传感器检测扭力杠杆的扭曲程度，并将之转换为电信号来计算扭力杆上的转矩，然后将该信号传输给 EPS 控制器。

如图4-2-4(a)所示,在输入轴上安装有检测环1和检测环2,而检测环3安装在输出轴上,输入轴和输出轴通过扭力杆连接在一起,检测线圈和校正线圈位于各检测环外侧,不经接触可形成励磁电路。检测误差1和检测误差2的功能是校正温度误差,它们可以检测校正线圈中的温度变化并校正温度变化引起的误差。

检测线圈通过对偶电路可以输出两个信号VT1(转矩传感器信号1)和VT2(转矩传感器信号2)。ECU根据这两个信号控制助力大小,同时检测传感器故障。

①直线行驶时。如果车辆直线行驶且用户没有转动转向盘,则ECU会检测出转向盘的位置,不向EPS电动机供电。

②转向时。用户向左或向右转动转向盘时,扭力杆的扭曲就会在检测环2和检测环3之间产生相对位移,检测环可以把这个变化转换为两个电信号VT1和VT2,并发送到EPS控制器。转向盘转动时,输出电压与助力转矩的关系如图4-2-4(b)所示。

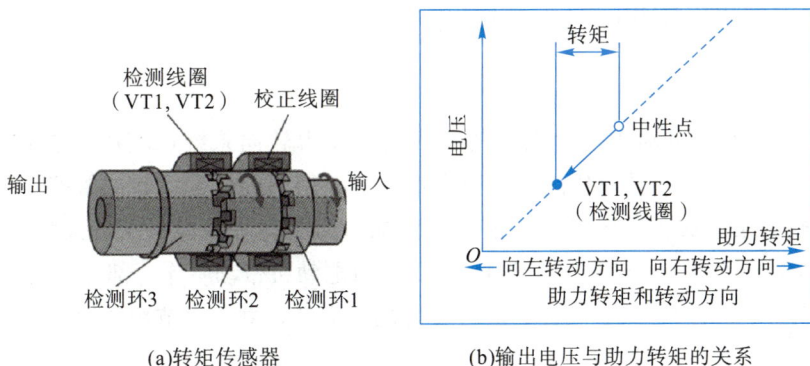

(a)转矩传感器　　　　　　　　　(b)输出电压与助力转矩的关系

图4-2-4　转矩传感器输出电压与助力转矩的关系

(4)EPS控制器。EPS控制器根据各传感器(包括车速传感器)发出的信号,起动转向柱上的电动机来提供转向助力。EPS工作原理如图4-2-5所示。

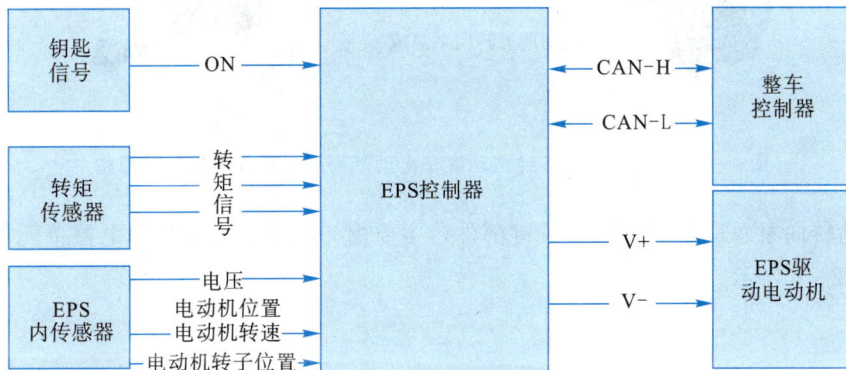

图4-2-5　EPS工作原理

①当整车处于停车断电状态，EPS不工作（EPS不进行自检、不与整车控制器VCU通信、EPS驱动电动机不工作）；当钥匙开关处于ON挡，ON挡继电器吸合后EPS开始工作。

②EPS正常工作时，EPS根据接收来自VCU的车速信号、唤醒信号及来自转矩传感器的转矩信号和EPS助力电动机的位置、转速、转子位置、电流、电压信号等进行综合判断，以控制EPS助力电动机的转矩、转速和方向。

③转向控制器在通电200 ms内完成自检，通电200 ms后可以与CAN线交互信息，通电300 ms后输出转向故障和转向状态信息，通电1 200 ms后输出控制系统版本信息。

④当EPS检测到故障时，通过CAN总线向VCU发送故障信息，并采取相应的处理措施。

4.2.3 电动液压助力转向系统

1. 电动液压助力转向系统的组成

以比亚迪e6纯电动汽车为例，其电动液压助力转向系统（EHPS）主要由转向盘、转向柱及万向节总成、转角传感器、防尘罩、液压助力转向器、转向管路、转向油罐、电动助力转向泵总成和支架组成。相对于传统的液压动力转向系统，其转向油泵由电控单元（Electronic Control Unit，ECU）控制，由电动机带动工作，部分机构如图4-2-6所示，EHPS与传统HPS相比，具有良好的转向感，并且更节约能源。

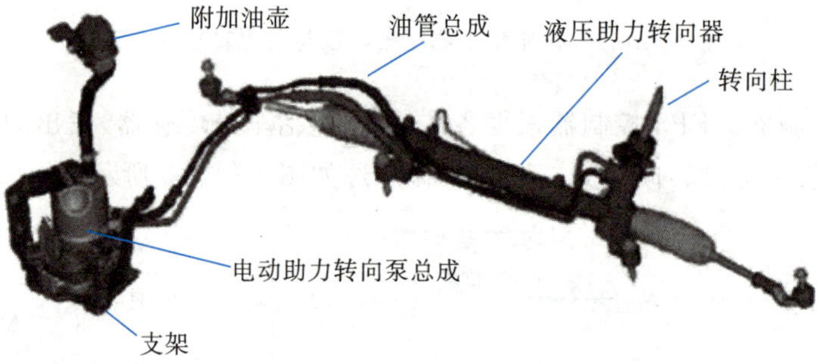

图4-2-6 比亚迪e6纯电动汽车电动液压助力转向系统部分机构

电动转向泵总成是EHPS的关键部件，主要由齿轮泵、电动机和电控单元等组成，如图4-2-7所示。

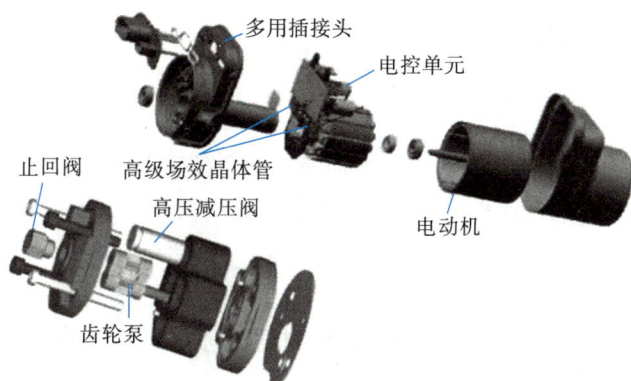

图4-2-7　比亚迪 e6 纯电动汽车电动转向泵总成

2. 电动液压助力转向系统基本工作原理

电动液压助力转向系统基本工作原理如图4-2-8所示。

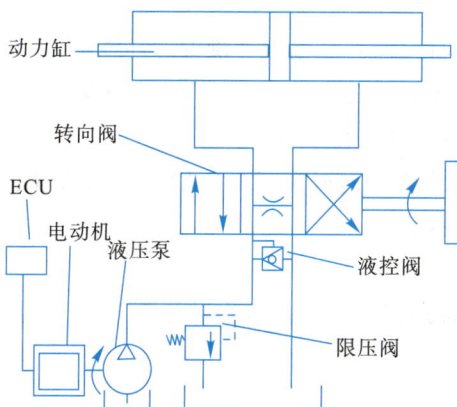

图4-2-8　电动液压助力转向系统基本工作原理

　　汽车沿直线行驶时，转向盘不转动，泵以很低的速度运转，大部分工作油经过转向阀流回油罐，少部分工作油经液控阀直接流回油罐。当驾驶人开始转动转向盘时，电子控制单元根据检测到的转角、车速和电动机反馈的信号等，判断汽车的转向状态，向驱动单元发出控制指令，使电动机产生相应的转速以驱动泵，进而输出相应流量和压力的高压油。压力油经转阀进入齿条上的液压缸，推动活塞以产生适当的助力，协助驾驶人进行转向操纵，从而获得理想的转向效果。

　　因为助力特性曲线可以通过软件来调节，所以该系统适合多种车型。在电子控制单元中，还有安全保护措施和故障诊断功能。当电动机电流过大或温度过高时，系统将会限制或者切断电动机的电流，避免故障发生；当系统发生故障（如蓄电池电压过低、转角传感器失效等）时，系统仍然可以依靠机械转向系统进行转向操纵，同时显示并存储其故障码。

4.2.4 EPS 系统检查及常见故障诊断

1. 电动转向系统转向力的检查

转向力的检查有助于判断电动助力转向系统的工作情况。

(1)汽车停放在水平路面上，转向盘放置在平直向前位置。

(2)检查轮胎充气压力是否符合规定的要求。

(3)启动车辆。

(4)通过相切方向钩住转向盘上的弹簧秤测量转向力。

转向力标准：至少 35 N(弹簧秤 3.5 kg)。

2. 电动转向系统检修时操作注意事项

(1)处理电子部件时的操作注意事项。

①避免撞击电子部件，如 EPS 控制器和 EPS 电动机。如果这些部件跌落或遭受严重撞击，则应换新。

②不要将任何电子部件暴露在高温或者潮湿的环境中。

③不要触碰插接器端子，以防变形或因静电引起故障。

(2)处理机械总成时的操作注意事项。

①避免撞击转向管柱或者转向机总成，特别是电动机或者转矩传感器，如果这些部件遭受严重撞击，则应换新。

②移动管柱或者转向机总成时，不要提拉线束。

(3)当断开或重新连接插接器时必须确认钥匙置于 OFF 位置。

3. EPS 常见故障

EPS 系统常见故障见表 4-2-1 。

表 4-2-1　EPS 系统常见故障

故障现象	可能的原因	修理方法
转向沉重	接插件未插好	插好插头
	线束接触不良或破损	更换线束
	转向盘安装不正确(扭曲)	正确安装转向盘
	转矩传感器性能不良	更换转向器
	转向器故障	更换转向器
	车速传感器性能不良	更换车速传感器
	主熔丝和线路熔丝烧坏	更换熔丝
	EPS 控制器故障	更换控制器

续表

故障现象	可能的原因	修理方法
在直行时车总是偏向一侧	转矩传感器性能不良	更换转向器
转向力不顺	转矩传感器性能不良	更换转向器

4. EPS 出现故障时诊断流程

EPS 故障诊断流程如图 4-2-9 所示。

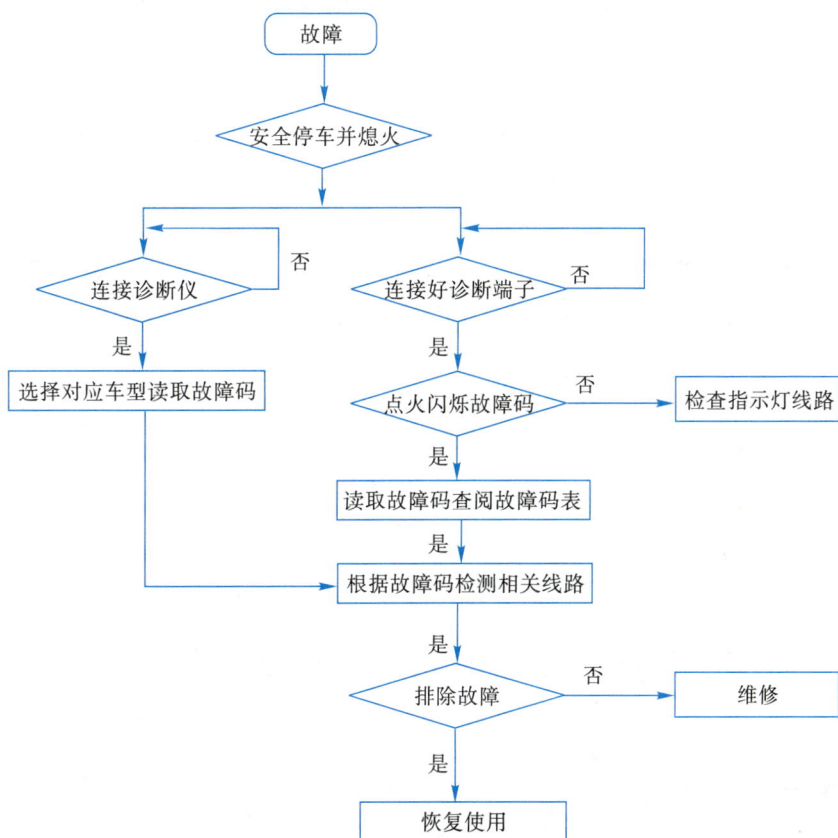

图 4-2-9　EPS 故障诊断流程

任务总结

(1)电动汽车转向系统普遍采用电动助力转向系统(EPS)或电动液压助力转向系统(EHPS)。它们采用电动泵驱动转向,由电子控制单元根据车辆的行驶速度、转向角度等信号计算出最理想工作状态,具有省力、节能、结构简单等特点。

(2)根据助力电机驱动部位和机械结构的不同,可将电动助力转向系统分为转向轴助力式、小齿轮助力式和齿条助力式。

思考题

1. 填空题

(1)EPS 是电动汽车_____的简称。

(2)EHPS 是电动汽车_____的简称。

(3)转向盘最大的自由行程为_____ mm。

(4)电动汽车转向系统普遍采用_____助力转向或_____助力转向，它们采用_____驱动，由电子控制单元根据车辆行驶速度、转向角度等信号计算最理想工作状态。

(5)根据助力电机驱动部位和机械结构的不同，可将电动助力转向系统分为_____助力式、_____助力式和_____助力式。

(6)EPS 正常工作时，EPS 根据接收来自 VCU 的_____信号、_____信号及来自转矩传感器的转矩信号和 EPS 助力电动机的_____、_____、转子位置、电流、电压信号等进行综合判断，以控制 EPS 助力电动机的转矩、转速和_____。

(7)电动助力转向系统通常采用的电机是_____。

(8)电动转向系统转向力标准：至少_____。

2. 简答题

(1)电动助力转向系统转向沉重的故障原因有哪些？

(2)说明电动转向系统检修时操作注意事项。

任务 4.3 电动汽车制动系统

情景导入

张先生的车出现制动能力下降的故障，来到 4S 店进行维修。

张先生：我的车突然出现制动踏板踩不动的故障，都不敢开着上路行驶了，这是什么原因呢？

技师王先生：新能源汽车的制动助力系统与传统汽车不太一样，传统汽车制动真空助力是利用发动机运转时进气歧管产生的真空，而新能源汽车的真空助力则是通过制动真空泵来产生真空的。

🔑 学习目标

(1)掌握电动制动系统的结构特点及工作原理。

(2)熟悉电动汽车制动能量回收的作用及工作原理。

(3)学会电动制动系统的常见故障分析与诊断。

(4)培养良好的职业道德与安全、环保意识。

4.3.1　电动汽车制动系统结构特点

电动汽车制动系统与传统燃油汽车制动系统基本相同，主要不同的地方是在传统汽车液压制动系统基础上增加了电动真空助力系统，以及采用制动能量回收模式。

在传统燃油车上，为了增强制动效果和提高制动液压力，通常利用真空助力器放大驾驶人脚踩制动踏板的力量，真空源来自于发动机运转时进气歧管产生的负压。而纯电动汽车因为没有发动机，就需要另外加装一个电动真空泵，用来产生真空提供给真空助力器，这个助力系统就是电动真空助力系统。

能量回收系统也称"制动能量回收系统"或"再生制动"，是指新能源汽车在减速制动(或者下坡)时将汽车的部分动能转化为电能，并将电能储存在储能装置(如各种蓄电池、超级电容和超高速飞轮)中，最终增加新能源汽车的续驶里程。

4.3.2　电动真空助力系统的组成及原理

1. 电动真空助力系统的组成

电动真空助力系统由真空泵、真空罐、真空泵控制器以及与传统汽车相同的真空助力器、12 V电源组成，如图4-3-1所示。

(1)真空泵。真空泵是指利用机械、物理、化学或物理化学的方法对被抽容器进行抽气而获得真空的器件或设备。通俗来讲，真空泵是用各种方法在某一封闭空间中改善、产生和维持真空的装置。电动真空泵一般安装在真空助力器后面，采用车载电源提供动力，有效地提高了整车的制动性能。真空泵的常见结构有三种形式，即隔膜式、叶片式及摇摆式活塞泵。

(2)真空罐。真空罐用于储存真空，并通过真空压力传感器感知真空度并把信号发送给真空泵控制器。

图 4 - 3 - 1　电动真空助力系统组成

　　(3)真空泵控制器。真空泵控制器是电动真空系统的核心部件。真空泵控制器根据真空罐真空压力传感器发送的信号控制真空泵工作。

　　(4)真空助力器。真空助力器一般位于制动踏板与制动主缸之间,其结构原理与传统汽车类似,如图 4 - 3 - 2 所示。

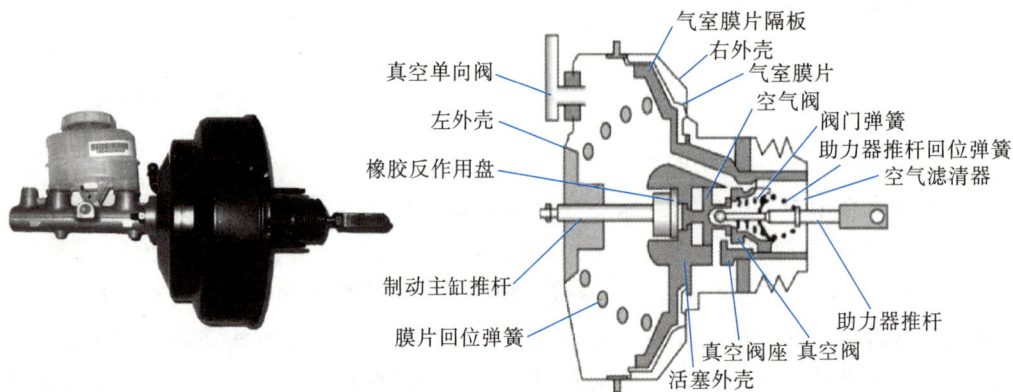

图 4 - 3 - 2　真空助力器

2. 电动真空助力系统的工作原理

(1)电动真空助力系统性能参数。电动真空助力系统性能参数见表 4 - 3 - 1。

表 4-3-1　电动真空助力系统性能参数

项目	参数
电动真空泵	214.5 mm×95 mm×114 mm
真空罐直径	Φ120(226 mm)
工作电流	≤15 A
最大工作电流	≤25 A
额定电压	12 V(直流电)
最大真空度	>85 kPa
测试容积	2 L
抽至真空度 55 kPa，压力形成时间	≤4 s
抽至真空度 70 kPa，压力形成时间	≤7 s
真空度从 40 kPa 抽至 85 kPa，压力形成时间	≤4 s
延时模块接通闭合的真空度	55 kPa
延时时间	15 s
使用寿命	30 万次
工作环境温度范围	−20～100 ℃
启动温度	−30 ℃
噪声	75 dB
真空罐密封性	15 s 在(66.7±5) kPa 真空度下，真空压力降 Δp 不大于 3 MPa

（2）电动真空泵工作原理。当用户启动汽车时，车辆电源接通，控制器开始进行系统自检，如果真空罐内的真空度小于设定值，真空罐内的真空压力传感器输出相应电压信号至控制器，此时控制器控制电动真空泵开始工作，当真空度达到设定值后，真空压力传感器输出相应的电压信号至控制器，此时控制器控制真空泵停止工作。当真空罐内的真空度因制动消耗，真空度小于设定值时，电动真空泵再次开始工作，如此循环。

（3）电动真空泵控制原理。真空泵控制系统主要由真空泵供电、真空泵系统两部分组成。如图 4-3-3 所示，其中真空泵系统又由真空泵及真空压力传感器组成。电动真空泵主要由集成控制器 VCU 控制。VCU 通过采集压力传感器的信号的电压值，并与参考电压进行比较，判断真空泵中压力的大小。若真空泵中压力小于设定值，则通过真空泵控制线启动真空泵，增大真空泵内压力。到设定值后，压力传感器传递信号给VCU，VCU 切断控制电路，维持泵内压力。

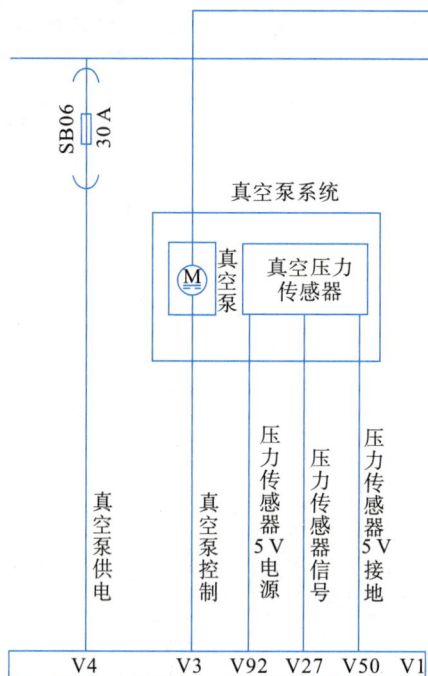

图 4-3-3 北汽新能源 EV160 电动真空泵的主要电路控制原理

4.3.3 新能源汽车能量回收系统

　　制动能量回收是纯电动汽车与混合动力汽车重要技术之一，也是它们的重要特点。在普通内燃机汽车上，当车辆减速、制动时，车辆的运动能量通过制动系统而转变为热能，并向大气中释放。而在纯电动汽车与混合动力汽车上，这种被浪费掉的运动能量可通过制动能量回收技术转变为电能并储存于动力电池中（见图 4-3-4），并进一步转化为驱动能量。例如，当车辆起步或加速时，需要增大驱动力时，电机驱动力成为发动机的辅助动力，使电能获得有效应用。

图 4-3-4 制动能量回收示意图

在城市循环工况下，汽车的平均车速较低，负荷率起伏变化大，需要频繁地启动和制动，汽车制动过程中以热能方式消耗到空气中的能量约占驱动总能量的 50%。具有制动能量回收系统的电动汽车，一次充电续驶里程至少可以增加 10%。

1. 在电动汽车上采取制动能量回收的主要作用

(1)提高电动汽车的能量利用率。

(2)延长电动汽车的行驶里程，电制动与传统制动相结合，减轻传统制动器的磨损，增长其使用周期，降低成本。

(3)减少汽车制动器在制动，尤其是缓速下长坡及滑行过程中产生的热量，降低汽车制动器的热衰退，提高汽车的安全性和可靠性。

2. 制动能量回收系统的工作原理

制动能量回收系统包括与车型相适配的电动机/发电机、储能电池以及可以监视电池电量的智能电池管理系统。制动能量回收系统回收车辆在制动或惯性滑行中释放出的多余能量，并通过电机/发电机将其转化为电能，再储存在储能电池中，用于之后的加速行驶或为车内耗电设备供电。

为什么通过驱动电机能够回收车辆的运动能量呢？其原因是驱动电机工作的逆过程就是发电机工作状态。电机驱动的工作原理是左手定则，而电机发电的工作原理则是右手定则。由于电机运转，线圈在阻碍磁通变化的方向上发生电动势。该方向与使电机旋转而流动的电流方向相反，称为逆电动势。逆电动势随着转速的增加而上升。由于转速增加，原来使电机旋转而流动的电流，其流动阻力加大，最后达到某一转速后，转速不再增加。当制动时，通过电机的电流被切断，继而发生逆电动势。这就是使电机起到发电机作用的制动能量回收的原理。

4.3.4 电动真空助力系统常见故障诊断与检修

电动汽车电动真空助力系统的故障主要为真空泵故障，可导致制动效果明显下降，甚至制动失效。仪表通常会报故障码，并点亮故障警告灯，同时会伴随车辆警告声。

1. 电动真空泵的常见故障及一般检修方法

电动真空泵的常见故障及一般检修方法见表 4-3-2。

2. 制动真空泵、控制器的功能检测

(1)车辆静止状态下打开钥匙开关(ON 挡)，完全踩下制动踏板，踩踏 3 次。真空泵应正常启动，当真空度到达设定值时，电机应停止工作。

(2)制动真空泵运转 5 min 后(反复踩踏制动踏板至真空泵连续运转几次)，观察真空泵有无异响、异味及真空泵控制器插接件及连接线有无变形发热。如果真空泵出现异响、异味，有可能是真空泵内部严重磨损造成的。

制动系统正常工作时，制动踏板踩下后会造成真空管路的真空度降低(绝对压力提高)。由于真空泵会保持真空度在 50～70 kPa，当整车控制器接收到真空压力传感器信号，判断此时压力不在保持压力范围内，则会自动启动真空泵运转。如果可听到真空泵运转的"嗡嗡"声，并在 3～4 s 停止运转，可判断系统一切正常；反之初步判断系统工作不正常。

表 4 - 3 - 2　电动真空泵的常见故障及一般检修方法

故障现象	一般检修方法	
	熔丝熔断	熔丝未熔断
连接电源后电动机不转	(1)线路短路	(1)蓄电池亏电
	(2)控制器损坏	(2)线路断路
	(3)电动机烧毁短路	(3)控制器损坏
接通电源后，真空度抽至上限设定值，电动机不停转	(1)开关触头短路常开	
	(2)电子延时模块损坏，应更换	
压力开关不能正常开启和断开	(1)压力开关触头污损、锈蚀或接触不良，应清洁触头或更换压力开关	
	(2)连接线折断或插头连接处脱焊，应更换连接线	
	(3)管路密封性不好，检查管路密封性，必要时更换	
设备的机壳带电	(1)电源线接错，壳体与电源的正极连接，应纠正错误的连接	
	(2)电源插座的地线未真实与地连接。应把电源插座中的地线连接好	
真空泵喷油	部分新装车的真空泵在工作时会出现从排气孔带出润滑油的现象。此为真空泵自身缺陷，工作一段时间可消除	

3. 管路接头检测

(1)在制动真空泵工作时，检查连接软管有无漏气现象，如有漏气需立即更换。

(2)检查制动真空泵与软管、制动真空罐与软管等各气管连接处有无破损或泄漏，如有破损或泄漏需立即更换。

(3)注意不能扭曲制动软管，在最大转向角度时制动软管不得接触到其他汽车零部件。

需要注意的是，如果制动管路存在泄漏或损坏的情况，可能导致制动效果不明显，甚至制动失效，所以务必排除发现的故障。

📢 **任务总结**

(1)电动汽车制动系统与传统燃油汽车制动系统基本相同，主要不同的地方是在传统汽车液压制动系统基础上增加了电动真空助力系统，以及采用制动能量回收模式。

(2)电动真空助力系统由真空泵、真空罐、真空泵控制器以及与传统汽车相同的真空助力器、12 V电源组成。

(3)制动能量回收系统包括与车型相适配的电动机/发电机、储能电池以及可以监视电池电量的智能电池管理系统。

(4)电动汽车电动真空助力系统的故障主要为真空泵故障，可导致制动效果明显下降，甚至制动失效。

📖 **思考题**

1. 填空题

(1)电动汽车制动系统与传统燃油汽车制动系统基本相同，主要不同的地方是在传统汽车液压制动系统基础上增加了_____，以及采用_____模式。

(2)真空助力器的作用是_____，在传统燃油车上，真空源来自于_____运转时进气歧管产生的负压。而纯电动汽车因为没有发动机，就需要另外加装一个_____，用来产生_____提供给真空助力器，这个助力系统就是电动真空助力系统。

(3)电动真空助力系统由_____、_____、_____以及与传统汽车相同的真空助力器、12V电源组成。

(4)真空泵控制器是电动真空系统的核心部件。真空泵控制器根据真空罐真空压力传感器发送的信号控制_____工作。

(5)电动汽车电动真空助力系统的故障主要为_____故障，可导致制动效果明显下降，甚至_____。

2. 简答题

(1)如何进行制动真空泵、控制器的功能检测？

(2)制动能量回收有哪些作用？

纯电动汽车常见故障案例分析

任务 5.1　车辆充电异常故障诊断与排除

情景导入

一辆北汽 EV160 的纯电动汽车，客户反映充电时插上充电枪，仪表上无充电连接符号，无充电电流，无法正常充电。车辆充电异常故障现象可分为三类：车辆不能 READY、车辆不显示充电和车辆显示充电电流小。到底是什么原因导致的无法正常充电呢，让我们带着问题一起来学习吧。

学习目标

(1)能根据车辆充电异常现象分析故障原因。
(2)能简要地制订出故障诊断流程。
(3)能根据故障流程对故障进行简单的诊断排除。

5.1.1　北汽 EV160 介绍

北汽新能源 EV160 是北汽新能源旗下推出的新一代纯电动入门级车型，最大功率为 53 kW，最大扭矩为 180 N，最高车速 125 km/h。该车型搭载北汽自主研发的高性能轻量化永磁同步电机，在 0 至 50 km/h 加速时间仅为 5.3 s；同时，使用磷酸铁锂电池，续航里程最高可达 200 km。

5.1.2　车辆充电系统介绍

动力蓄电池充电系统是新能源汽车的电能补给系统，主要分为常规充电(俗称慢充)和快速充电(俗称快充)两种方式。

新能源电动汽车的充电系统包括慢充电插孔、快充电插孔、车载充电机、高压控制盒、充电连接线以及相关的控制单元等部件，如图 5-1-1 所示。

图 5-1-1　充电系统部件

新能源电动汽车的充电控制策略通常为预充电→恒流充电→涓流充电（恒压）→充电结束，如图 5-1-2 所示。预充电过程不是每次充电时都有，当电池单体电压低于 2.7 V 时，如果直接进入恒流充电会损害电池，此时自动开启预充模式，电压升高至一定值以后转为恒流充电模式。恒流充电是指以恒定的电流充电至 70%～80% 电池电量，此时电压达到最高限制电压，然后转为涓流充电模式。涓流充电是以 30% 的时间充入 10% 的电量，之后充电过程结束。

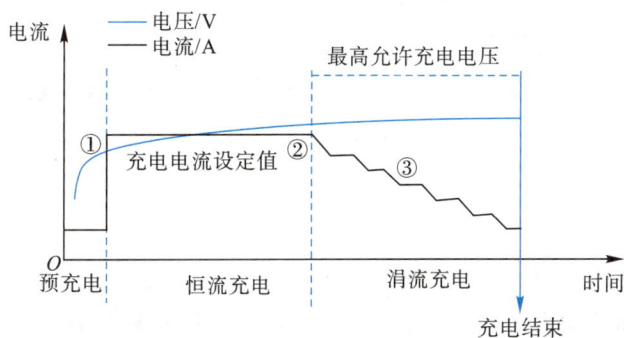

图 5-1-2　充电控制策略

1. 充电的模式

充电站给电动汽车充电一般分为普通充电、快速充电和电池组快速更换 3 种方式。

（1）普通充电。普通充电就是所谓的常规充电或慢速充电。这种充电模式为交流充电方式，由外部电网提供 220 V（或 380 V）交流电源给电动汽车车载充电机，由车载充电机给动力蓄电池充电，充满电一般需要 5～8 h。

普通充电的优点：充电桩成本低、安装方便；可利用电网晚间的低谷电进行充电，降低充电成本；充电时段充电电流较小、电压相对稳定，能保证动力电池组安全并能延长电池的使用寿命。

普通充电的缺点：充电时间长，难以满足车辆紧急运行的需求。

(2)快速充电。快速充电(即应急充电)的充电电流要大一些，这就需要建设快速充电站，它并不要求把电池完全充满，只满足继续行驶的需要就可以了。这种充电模式下，在 20～30 min 的时间里，只为电池充电 50%～80% 即可。这种充电方式为直流充电，地面充电机直接输出直流电能给车载动力蓄电池充电，电动汽车只需要提供充电及相关通信接口。

快速充电的优点：充电时间短，充电车辆流动快，节省充电站停车场面积。

快速充电的缺点：充电效率较低，充电机制造、安装和工作的成本较高；充电电流大，对充电的技术和方法要求高，对电池的寿命有负面影响；易造成电池异常，存在安全隐患，且大电流充电会对公用电网产生冲击，会影响电网的供电质量和安全。

(3)电池组快速更换。电池组快速更换就是通过直接更换电动汽车的电池组来达到充电的目的。由于电池组重量较大，更换电池的专业化要求较高，须配备专业人员并借助专业机械来快速完成电池的更换、充电和维护。

电池组快速更换的优点：解决了充电时间长、续驶里程短的难题；提高了车辆的使用效率，方便用户的使用；更换下来的蓄电池可以在用电低谷时段进行充电，降低了充电成本，提高了车辆运行的经济性；便于电池的维护、管理，提高了电池的使用寿命；有利于废旧电池的集中回收和再利用。

电池组快速更换的缺点：建设换电站和购买备用电池组成本较高，对于电池与电动汽车的标准化、电动汽车的设计改进、充电站的建设和管理以及电池的流通管理等都有严格的要求。

2. 慢充系统

慢充系统是使用普通的交流 220 V 单相民用电，通过车载充电机将交流电变换为高压直流电，从而给动力蓄电池充电。车载充电机采用高频开关电源技术，由 BMS 控制智能充电，无须人工看守。保护功能齐全，具有过压、欠压、过流、过热、输出短路、反接等多种保护功能，当充电系统出现异常会及时切断供电。新能源汽车慢充充电口如图 5-1-3 所示。充电功率取决于车载充电机功率，目前主流充电功率有 2 kW、3.3 kW、6.6 kW。

交流充电口是为具有车载充电机的乘用车辆提供能源补给的连接接口。交流充电口包含 7 个触头。交流充电口触头的功能定义如表 5-1-1 所示。

CP—控制确认线；CC—充电连接确认；N—交流电源火线；L—交流电源零线；P—保护接地(搭铁)。

图 5-1-3 新能源汽车慢充充电口

表 5-1-1 交流充电口触头的功能定义

触头编号	触头标识	额定电压/V	额定电流/A	功能定义
1	L	250/440	16/32	交流电源
2	NC1	—	—	备用触头
3	NC2	—	—	备用触头
4	N	250/440	16/32	中线
5	⏚	—	—	保护接地(PE)，连接供电设备地线和车辆车身地线
6	CC	30	2	充电连接确认
7	CP	30	2	控制确认

交流充电口插头和插座各个触头的布置方式如图 5-1-4 所示。

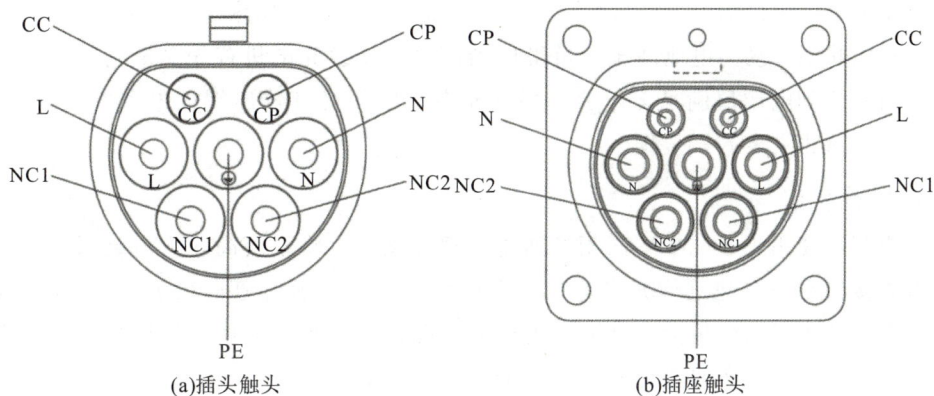

(a)插头触头   (b)插座触头

图 5-1-4 交流充电口插头和插座各个触头的布置方式

车载充电机(见图 5-1-5)内部可分主电路、控制电路、线束及标准件三部分。主电路前端将交流电转换为恒定电压的直流电，主电路后端为 DC/DC 变换器，将前端转出的直流高压电变换为合适的电压及电流供给动力电池。

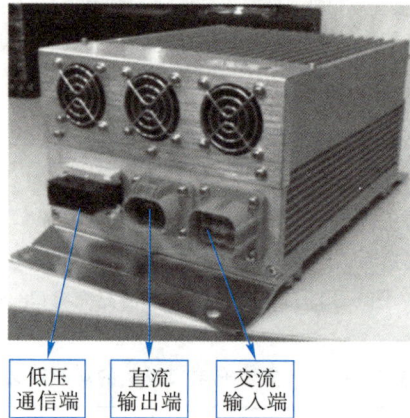

低压通信端　直流输出端　交流输入端

图 5-1-5　车载充电机

车载充电机的工作均由 BMS 发出指令进行控制，包括工作模式指令、动力电池允许最大电压、充电允许最大电流、加热状态的电流值等。充电机通过 CAN 总线与车辆进行通信，通信内容包括动力蓄电池单体、模块和总成的相关技术参数，充电过程中电池的状态参数，充电机工作状态参数以及车辆基本信息等。

充电前系统会自动检测箱体内部的电池温度，若温度高于 55 ℃或低于 0 ℃时，电池管理系统将自动切断充电回路，此时无法充电。若有低于 0 ℃的温度点，则启动加热模式，加热继电器闭合进行加热，待所有电芯温度点都高于 5 ℃时停止加热，然后启动充电程序，充电过程中充电桩电流显示为 12~13 A。

加热状态时充电机停止充电，此时 BMS 闭合负极继电器和加热继电器，通过电热元件给动力电池包内的电芯进行加热，加热电流由充电机向加热元件直接供电。

慢充电状态时动力电池高压正负继电器闭合，车载充电机首先判断其输出端的电压值，当检测到电压值满足充电要求后，充电机将闭合其输出端继电器并开始工作。慢充电工作流程见表 5-1-2。

3. 快充系统

快充系统使用工业 380 V 三相电通过功率变换后，将直流高压大电流通过高压动力电缆直接向动力电池进行充电，在快充过程中电流显示值通常在 13.2~46.2 A 之间。快充系统主要部件包括快充桩、快充电插孔、车内高压线束、高压配电盒以及动力电池等。新能源汽车快充充电口如图 5-1-6 所示。

表 5 - 1 - 2　慢充电工作流程

序号	车载充电机	动力电池、BMS	VCU、仪表、数据终端
1	220 V 上电	待机	
2	12 V 低压供电并等待指令	唤醒	
3	接收指令并执行加热流程	BMS 检测电池状态并发送加热指令	唤醒
4	接收指令并停止工作	BMS 检测电池温度并发送停止指令	
5	接收指令并执行充电流程	BMS 待充电机反馈后发送充电指令	
6	接收指令并停止工作	BMS 监控电池状态并发送完成指令	
7	完成充电后 1 min 内控制充电桩结算	待机	待机

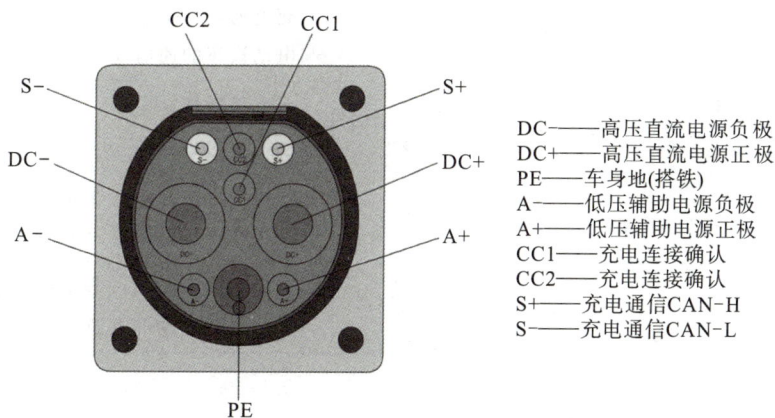

DC——高压直流电源负极
DC+——高压直流电源正极
PE——车身地(搭铁)
A-——低压辅助电源负极
A+——低压辅助电源正极
CC1——充电连接确认
CC2——充电连接确认
S+——充电通信CAN-H
S——充电通信CAN-L

图 5 - 1 - 6　新能源汽车快充充电口

　　快充桩安装在固定的充电场所，与 380 V 交流电源连接。电流经过 PFC 功率因数模块、DC/AC 逆变模块、高频变压器、AC/DC 整流器后，与电动汽车快充电插孔相连接。

　　新能源汽车快充充电的电流大小受动力蓄电池内部温度的影响，当电池温度小于 5 ℃时停止充电，5～15 ℃时充电电流为 20 A 左右，15～45 ℃时充电电流为 50 A 左右，大于 45 ℃时停止充电。

　　直流充电口包含 9 个触头，其功能定义如表 5 - 1 - 3 所示。

　　直流充电口插头和插座的各个触头布置方式如图 5 - 1 - 7 所示。

　　当车辆充电时启动钥匙位于 OFF 挡位，充电枪连接正常后，首先充电桩发出 12 V 低压电信号唤醒整车控制器 VCU，此时仪表盘充电插头指示灯点亮，表示充电枪连接正常。整车控制器 VCU 输出 12 V 低压电信号，唤醒动力蓄电池管理系统和 DC/DC，动力蓄电池内部自检合格后通过 CAN 线向充电桩发出充电请求信号开始充电。

表 5 – 1 – 3 直流充电口触头的功能定义

触头编号	触头标识	额定电压/V	额定电流/A	功能定义
1	DC+	750	125/250	直流电源正，连接直流电源正与电流正极
2	DC−	750	125/250	直流电源负，连接直流电源负与电池负极
3	—	—	—	保护接地（PE），连接供电设备地线与车辆底盘地线
4	S+	30	2	充电通信 CAN – H，连接非车载充电机与电动汽车的通信线
5	S−	30	2	充电通信 CAN – L，连接非车载充电机与电动汽车的通信线
6	CC1	30	2	充电连接确认 1
7	CC2	30	2	充电连接确认 2
8	A+	30	20	低电辅助电源正，非车载充电机为电动汽车提供低压辅助电源正
9	A−	30	20	低电辅助电源负，非车载充电机为电动汽车提供低压辅助电源负

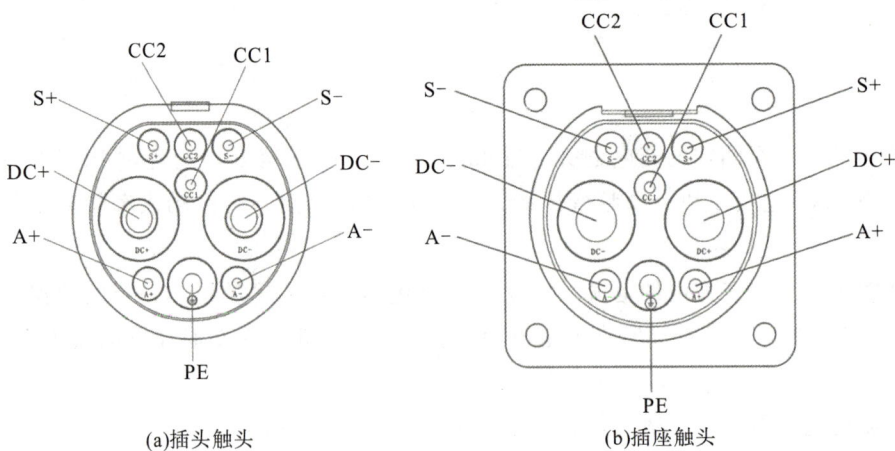

(a)插头触头   (b)插座触头

图 5 – 1 – 7 直流充电口插头和插座的各个触头布置方式

充电过程中主控盒与从控盒采集的电池电压和温度等信息，通过 CAN 总线与整车控制器 VCU 和充电机通信，充电机随时调节充电电流和电压，保证充电数据的安全合理。当充电结束拔出充电枪后，整车控制器控制车辆的高压系统下电。

5.1.3　故障原因分析

车辆充电异常是指电动车正确连接充电枪或充电桩后不能正确对车辆进行充电。车辆充电异常故障现象可以分为三类：车辆不能 READY、车辆显示充电电流小和车辆不显示充电。

什么是 READY 灯？ READY 灯是用来做什么的？

READY 灯中的 READY 是准备好了的意思，在这里指车辆已经做好所有准备，已经启动成功，可以随时启程。READY 灯是新能源电动汽车才有的显示启动状态灯。电动汽车和混合动力电动汽车都是如此显示启动状态的，因为新能源汽车启动后，不存在发动机的轰鸣声，车主很难判断车辆是否启动成功，因此才用 READY 指示灯来提示驾驶者。

导致车辆不能 READY 的原因较多，主要为 VCU 故障、电池自身故障等。车辆显示充电电流小的原因主要为车载充电机故障、动力电池热管理或温度传感器故障。

车辆不显示充电的原因，如图 5-1-8 所示。

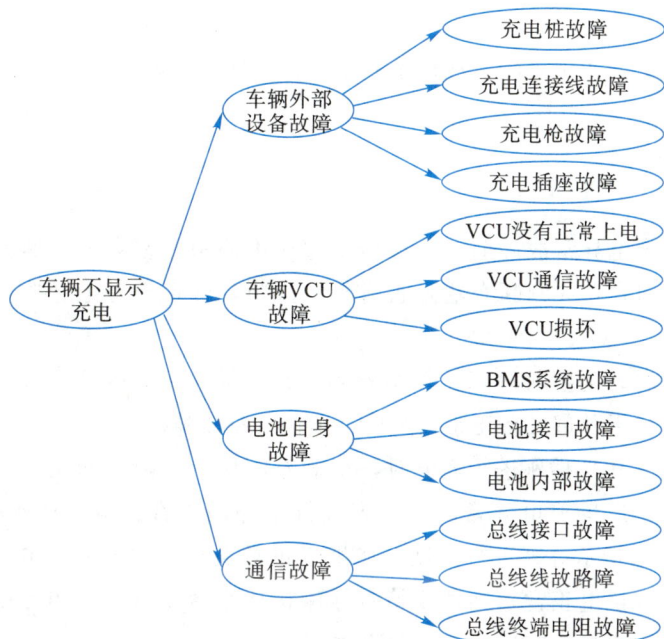

图 5-1-8　车辆不显示充电的原因

从图 5-1-8 中可以看出，车辆不显示充电的原因主要有四个：车辆外部设备故障、车辆 VCU 故障、电池自身故障以及通信故障。

1. 车辆外部设备故障

车辆外部设备故障一般指的是在充电过程中，所使用的车辆以外的设备故障。车辆在充电的时候需要利用外部设备进行充电，充电的方式有两大类：充电桩充电（直流快充）和家用插座充电（交流慢充）。采用充电桩充电时，充电异常可能是由于充电桩及线路故障，具体故障点如充电桩自身故障、充电连接线故障、充电枪故障；采用家用 220 V 充电时，充电异常故障点则包括充电插座故障、充电连接线故障、充电枪故障等。

2. 车辆 VCU 故障

车辆 VCU 发生故障也会使车辆产生充电异常现象。当车辆充电时，无论快充还是慢充，都需要 VCU 接收到充电连接信号和充电确认信号，VCU 确认连接好后，通过总线和 BMS 进行通信，如果是快充，还需要快充继电器闭合后才能正常充电。因此，当 VCU 故障时，车辆是不能正常充电的。车辆 VCU 故障的主要原因：VCU 没有正常上电、VCU 通信故障和 VCU 损坏。

3. 电池自身故障

电池是电能的载体，充电的过程就是将电能转化为化学能。当电池自身发生故障时，也会发生充电异常现象。故障的主要原因可能是 BMS 系统故障、电池接口故障、电池内部故障，其他如电池自身的硬件故障等，这时需要对电池进行进一步的检查。

4. 通信故障

新能源汽车采用总线通信，当整车 CAN 总线发生故障时，会导致充电不能唤醒，因此不能正常充电。

5.1.4 故障诊断流程

当车辆发生充电异常故障时，一般需要遵循由简单到复杂的诊断流程。但一定要注意：排除故障时，首先判断车辆是否有绝缘故障，确定没有绝缘故障后再进行后续检查。

当故障发生时，要判断故障是在车外还是在车辆自身。因此，首先检查外部充电设备是否正常，如果外部设备正常，则检查车辆自身故障。

当采用家用 220 V 插座进行充电时，车辆充电异常故障诊断流程如图 5-1-9 所示。可以看出，当车辆充电异常时，首先进行车外的检查。检查插座是否正常供电，可用 220 V 供电的指示灯等进行测试，如果灯正常点亮，则说明供电正常，否则应更换电源。如果检查供电正常，则需要检查插座接地是否正常，可用万用表测量接地情况，接地不良则需更换插座后重新进行测试。

```
                          ┌──────────┐
                          │ 诊断开始 │
                          └────┬─────┘
                               │
                          ╱────┴────╲      否    ┌─────────────┐
                         ╱ 插座是否  ╲─────────→│ 维修220 V电源│────────┐
                         ╲ 供电正常  ╱           └─────────────┘        │
                          ╲────┬────╱                                   │
                               │是                                      │
                          ╱────┴────╲      否    ┌──────────┐           │
                         ╱ 插座是否  ╲─────────→│ 维修插座 │──────────┤
                         ╲ 正确接地  ╱           └──────────┘           │
                          ╲────┬────╱                                   │
                               │是                                      │
                          ╱────┴────╲      是    ┌──────────────┐       │
                         ╱  充电枪   ╲─────────→│ 更换充电枪及线│───────┤
                         ╲ 是否故障  ╱           └──────────────┘       │
                          ╲────┬────╱                                   │
                               │否                                      │
                          ╱────┴────╲      否    ┌──────────────┐       │
                         ╱  车上     ╲─────────→│ 更换车上充电线│───────┤
                         ╱充电连接线是否╲        └──────────────┘       │
                         ╲  正常     ╱                                  │
                          ╲────┬────╱                                   │
                               │是                                      │
                          ╱────┴────╲      否    ┌──────────────┐       │
                         ╱ 车载充电机 ╲────────→│ 更换车载充电机│───────┤
                         ╲ 是否正常  ╱           └──────────────┘       │
                          ╲────┬────╱                                   │
                               │是                                      │
                          ╱────┴────╲      否    ┌──────────────┐       │
                         ╱ 低压蓄电池 ╲────────→│ 更换低压蓄电池│───────┤
                         ╲ 是否正常  ╱           └──────────────┘       │
                          ╲────┬────╱                                   │
                               │是                                      │
                          ╱────┴────╲      否    ┌────────────┐         │
                         ╱  VCU是否  ╲─────────→│ 需进一步检查│─────────┤
                         ╲ 正常工作  ╱           └────────────┘         │
                          ╲────┬────╱                                   │
                               │是                                      │
                          ╱────┴────╲      否    ┌──────────────┐       │
                         ╱  BMS是否  ╲─────────→│ 更换动力蓄电池│───────┤
                         ╲ 正常工作  ╱           └──────────────┘       │
                          ╲────┬────╱                                   │
                               │是                                      │
                          ┌────┴─────┐                                  │
                          │ 更换动力 │                                  │
                          │蓄电池总成│                                  │
                          └────┬─────┘                                  │
                               │是                                      │
                          ┌────┴─────┐                                  │
                          │  结束    │←─────────────────────────────────┘
                          └──────────┘
```

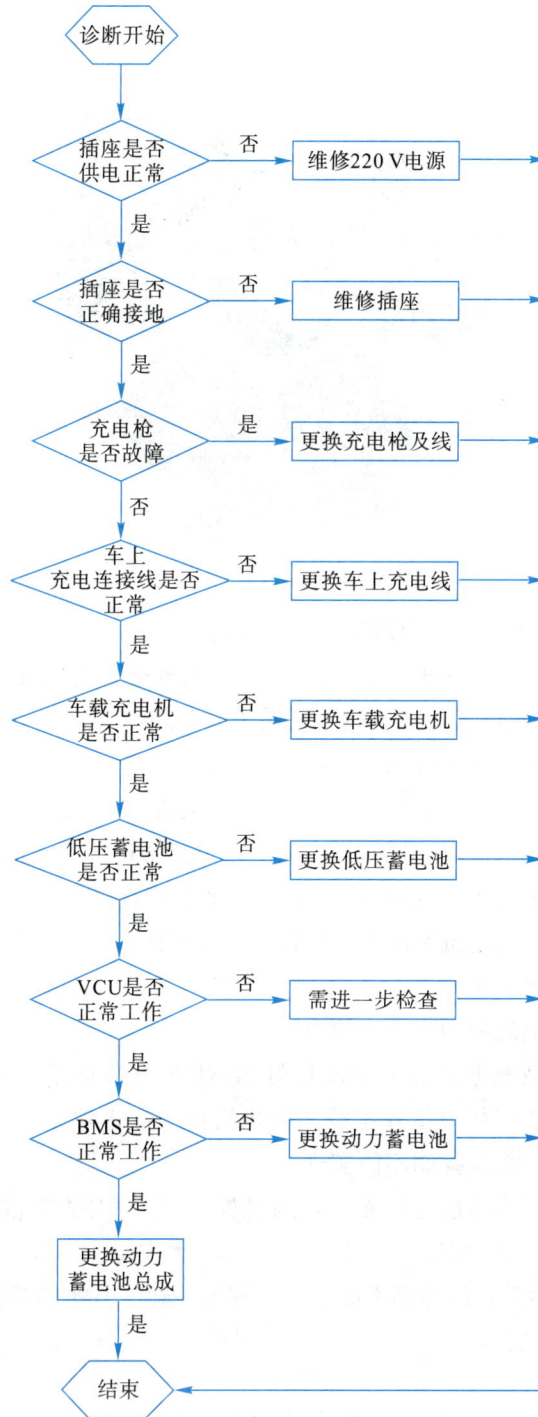

图 5 - 1 - 9　车辆充电异常故障诊断流程

排除插座故障后，需要检查交流充电枪是否有故障。充电枪接口如图 5-1-10 所示。

图 5-1-10　充电枪接口

图 5-1-10 中的接口中，1号端子为CC端子，即连接确认信号端子，当充电枪正常连接 220 V 插座后，该端子电压为 12 V；按下充电枪上蓝色按钮，该端子电压应为 0 V；当充电枪和车上充电插口连接后，该端子电压降到 2 V 以下。2号端子为充电控制确认信号端子，当充电枪连接 220 V 插座后，该端子电压应低于 2 V；充电枪和车上充电接口连接后，该端子电压上升到 8 V 以上。3号端子为火线端子，5号端子为零线端子，充电枪和车上充电接口连接前，无电压，当正常连接后，电压为 220 V。4号端子为接地端子，该端子电压一直为 0 V。因此，通过检查以上端子情况，可以判断充电枪是否正常工作。如果充电枪有故障，则需要进行更换。

检查充电枪无故障，则需要检查连接车载充电机的线束和车载充电机是否正常。充电连接线可以采用测通断的方式来检查。

正常情况下，车载充电机的 POWER 灯和 RUN 灯应该正常点亮，且为绿色。否则，应更换车载充电机。如果检查车载充电机后仍不能正常充电，则检查是否由于低压蓄电池亏电导致车上低压控制不能实现。

以上检查完成后，仍不能进行充电，则可检查 VCU 是否有故障。VCU 故障检查较为复杂，需要进行专业检查。

确定 VCU 无故障后，故障仍不能排除，则可怀疑是 BMS 故障或电池内部有故障，此类故障需进行专业检查。

任务总结

(1)动力蓄电池充电系统是新能源汽车的电能补给系统，主要分为常规充电(俗称慢充)和快速充电(俗称快充)两种方式。

(2)充电站给电动汽车充电一般分为普通充电、快速充电和电池组快速更换 3 种方式。

(3)普通充电的优点:充电桩成本低、安装方便;可利用电网晚间的低谷电进行充电,降低充电成本;充电时段充电电流较小、电压相对稳定,能保证动力电池组安全并能延长电池的使用寿命。

(4)快速充电的优点:充电时间短,充电车辆流动快,节省充电站停车场面积。

(5)当车辆发生充电异常故障时,一般需要遵循由简单到复杂的诊断流程。但一定要注意:排除故障时,首先判断车辆是否有绝缘故障,确定没有绝缘故障后再进行后续检查。

思考题

1. 填空题

(1)动力蓄电池充电系统主要分为_____(俗称慢充)和_____(俗称快充)两种方式。

(2)充电站给电动汽车充电一般分为_____、_____和电池组快速更换 3 种方式。

(3)普通充电的缺点:_____,难以满足车辆紧急运行的需求。

(4)快速充电时,充电电流大,对充电的技术和方法要求高,对电池的_____有负面影响;易造成电池异常,存在_____隐患,且大电流充电会对公用电网产生冲击,会影响_____的供电质量和安全。

(5)慢充电状态时动力蓄电池高压正负继电器闭合,车载充电机首先判断其输出端的_____,当检测到电压值满足充电要求后,充电机将闭合其输出端继电器并开始工作。

(6)新能源汽车快充充电的电流大小受动力蓄电池_____的影响,当电池温度小于 5 ℃时_____,5～15 ℃时充电电流为 20 A 左右,15～45 ℃时充电电流为 50 A 左右,大于 45 ℃时_____。

(7)车辆不能正常充电的原因主要有四个:车辆_____故障、车辆_____故障、电池自身故障以及通信故障。

2. 简答题

(1)简述普通充电的优缺点。

(2)简述快速充电的优缺点。

(3)车辆不能正常充电的原因主要有哪几个?

任务 5.2　高压不上电故障的诊断与排除

情景导入

一辆纯电动汽车在启动时仪表显示动力蓄电池断开故障，整车故障灯亮，同时仪表报通信故障，重新启动时仍报同样的故障，故联系售后报修。

学习目标

(1)能够准确描述整车上、下电控制过程。

(2)能够进行部件和线束的拆装检测。

(3)能够使用常用工具进行故障检测。

(4)能够进行常见典型故障的分析、诊断与排除。

5.2.1　整车上、下电过程

整车上、下电包括低压供电与断电、唤醒与取消唤醒、高压上电与下电。其控制功能涉及整车所有控制单元，包括整车控制器(VCU)、电机控制器(Inverter/Motor Control Unit，INV/MCU)、动力蓄电池管理系统(BMS)、空调系统、DC/DC 变换器、组合仪表系统、远程终端控制器(Remote Monitoring System，RMS)、充电机(Charge，CHG)等。整车上、下电过程是由 VCU 协调各个控制器，使各控制器按顺序合理地接通或断开低压控制电信号，使动力蓄电池继电器接通或断开，从而让车辆能够正确地完成"启动"和"关闭"动作，同时进行信息交互和故障检测。整个过程必须保证逻辑正确、顺序正确、故障检测合理有效。

1. 低压供电及唤醒原理

电动汽车要能正常启动，动力蓄电池就需要对外供电。为了保证供电安全，整车控制系统必须在确保整车主要高、低压部件正常的情况下使动力蓄电池的正、负极继电器闭合，从而对外供电。整车控制系统的核心部件——整车控制器被唤醒之后，将对各子系统进行一系列唤醒，检测正常之后才会使动力蓄电池的正、负极继电器闭合而对外供电。电动汽车唤醒整车控制器的方式通常有 4 种：点火钥匙唤醒、快充唤醒、慢充唤醒和远程 App 唤醒。

(1)整车低压供电原理。车辆低压系统控制器的供电途径有 3 种，低压供电电路如图 5-2-1 所示。

由蓄电池直接供电时，主要有整车控制器(VCU)、组合仪表 ICM、RMS、DC/DC

变换器和蓄电池管理系统（BMS）。

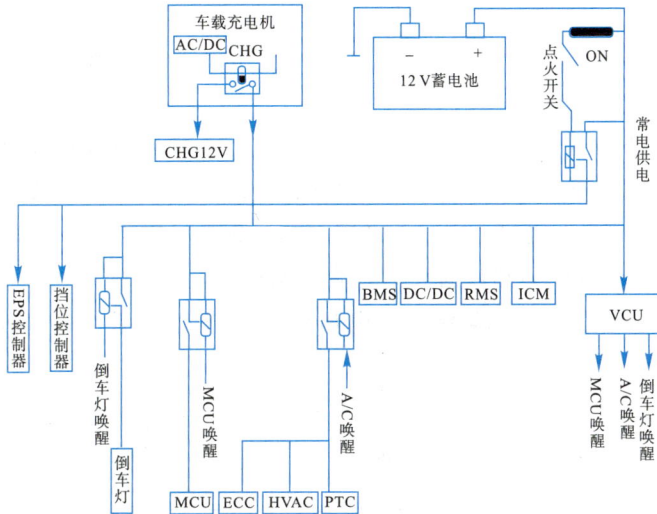

图 5-2-1　低压供电电路

由 ON 挡（IG1）继电器供电时，当点火开关钥匙转到 ON 挡后，ON 挡继电器线圈被接通，从而将 12 V 蓄电池电压送到挡位控制器和电动助力（EPS）控制器，给其供电。

由 VCU 控制低压继电器供电时，当 VCU 有蓄电池直接供电后，内部有部分电路工作，从而控制空调（A/C）继电器、电机控制器（MCU）继电器和倒车灯继电器接通供电的控制器。

（2）非充电模式下各控制器唤醒原理。非充电模式下控制器唤醒主要有 ON 挡继电器唤醒和 VCU 唤醒，非充电模式下各控制器唤醒电路如图 5-2-2 所示。

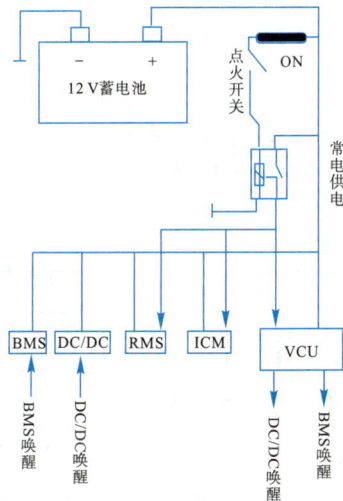

图 5-2-2　非充电模式下各控制器唤醒电路

由 ON 挡(IG1)继电器唤醒的控制器有整车控制器(VCU)、组合仪表(ICM)和数据采集终端(RMS)。

当 VCU 被唤醒后,送出唤醒信号电压给蓄电池管理系统(BMS)和 DC/DC 变换器。

(3)慢充模式下各控制器唤醒原理。慢充电模式下控制器唤醒主要有慢充唤醒和 VCU 唤醒,慢充模式下各控制器唤醒电路如图 5-2-3 所示。慢充(CHG 12 V)唤醒信号是当充电桩和车载充电机建立充电关系后,车载充电机控制内部继电器接通后送出,分别送给整车控制器(VCU)和数据采集终端(RMS)。

当 VCU 被唤醒后,送出唤醒信号电压给蓄电池管理系统(BMS)和 DC/DC 变换器。

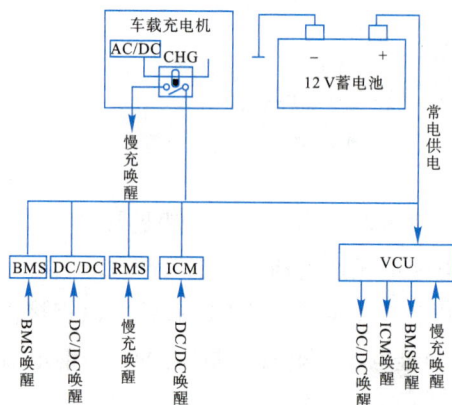

图 5-2-3　慢充模式下各控制器唤醒电路

(4)快充模式下各控制器唤醒原理。快充模式下控制器唤醒主要有快充唤醒(直流充电桩直流输出)和 VCU 唤醒,快充模式下各控制器唤醒电路如图 5-2-4 所示。

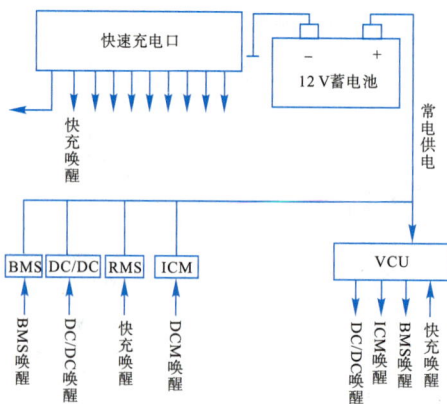

图 5-2-4　快充模式下各控制器唤醒电路

快充唤醒信号是当快充桩与车辆建立充电关系后，快充桩送出快充信号给整车控制器（VCU）和数据采集终端（RMS）。

当 VCU 被唤醒后，送出唤醒信号电压给蓄电池管理系统（BMS）和 DC/DC 变换器。

（5）远程模式下各控制器唤醒原理。远程模式下控制器唤醒主要有远程 App 唤醒、远程唤醒和 VCU 唤醒，远程模式下各控制器唤醒电路如图 5-2-5 所示。

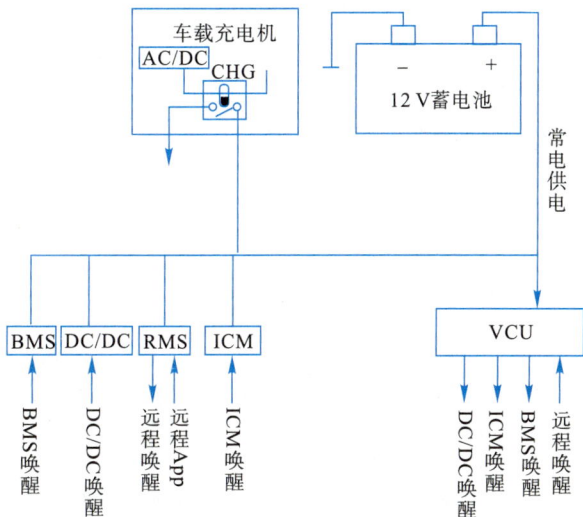

图 5-2-5　远程模式下各控制器唤醒电路

远程 App 唤醒信号送给数据采集终端（RMS）。数据采集终端被唤醒后，送出唤醒信号唤醒整车控制器（VCU）。VCU 被唤醒后，送出信号唤醒组合仪表（Instrument Cluster Module，ICM）、DC/DC 变换器、蓄电池管理系统（BMS）。

2. 高压供电原理

高压供电原理电动汽车的高压部件主要有动力蓄电池、高压控制盒、电机及电机控制器车载充电机、空调压缩机、PTC、DC/DC 变换器等，这些高压部件中动力蓄电池是供电部件，其他是用电部件，由动力蓄电池为其提供工作电压。动力蓄电池内部的控制系统（见图 5-2-6）中包含多个高压检测点（V_1、V_2、V_3）、预充电电路、负极继电器、正极继电器、电流传感器、MSD 熔断器、绝缘检测电路等。

（1）高压检测点的作用。

①高压检测点 1（V_1）位于高压总正、总负继电器内侧，测量动力蓄电池包总电压，用于判定 MSD 是否断路。

②高压检测点 2（V_2）位于负压继电器外侧，另一点位于预充电电阻和预充继电器之间，用于判定预充继电器是否粘连、负极继电器是否断路、预充电阻是否断路、预充

继电器是否断路。

③高压检测点 3（V_3）位于蓄电池直流母线输出两端，用于判定正极继电器是否粘连。

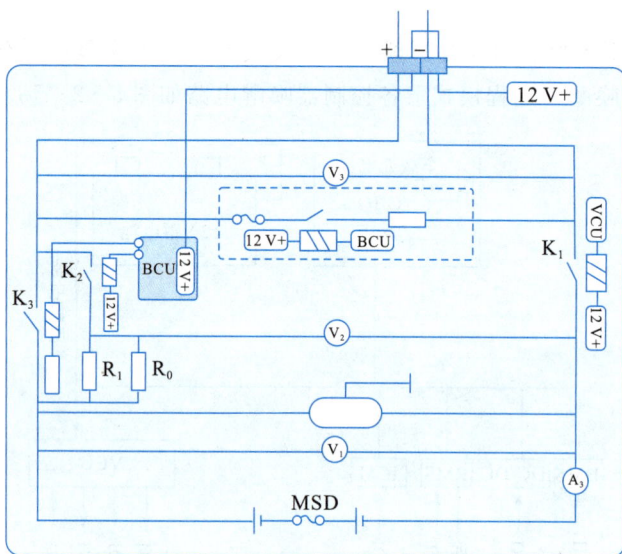

BCU 指制动控制单元（Brake Control Unit）。

图 5 - 2 - 6　快充模式下各控制器唤醒电路

（2）预充电电路的作用。预充电电路的作用是防止在高压继电器闭合瞬间形成的强电流和高电压对动力电机驱动系统高压器件形成冲击，避免接通高压电路瞬间造成器件损毁。预充电电路通过整车控制器（VCU）在上电过程中控制相应高压继电器通断时序，达到高压系统安全上电的目的。

（3）高压继电器的控制顺序。首先是整车控制器（VCU）控制负极继电器接通后，由蓄电池管理系统（BMS）控制预充继电器闭合，当预充结束后，由 BMS 控制正极继电器闭合，同时预充继电器断开。这样就完成了动力蓄电池高压供电。

3. 整车上、下电流程

整车控制器有 4 种唤醒方式，唤醒之后的控制过程相似，下面仅以点火开关钥匙唤醒整车控制器的方式来介绍整车上、下电流程，如图 5 - 2 - 7 所示。

当点火开关钥匙旋转至 START 挡，松开后回到 ON 挡，且挡位处于 N 挡并踩下制动踏板时，整车开始上电。整车控制器（VCU）在进行初始化时，VCU 会进行整车模式判断，如果此时充电口上连接了充电枪，则整车模式被判定为充电模式，将不会进入行车模式，VCU 初始化不能完成。当整车模式被判定为运行模式后，VCU 进行初始化并完成自检；之后 VCU 闭合电机控制器低压继电器及空调控制面板、PTC 低压继电器，并唤醒蓄电池管理系统（BMS），新能源低压供电开始。新能源低压供电开始后，进行新能源低压自检，在这过程中 BMS 和电机控制器完成初始化和自检，完成后自检计数器由"0"置"1"并发给 VCU。自检完成后，VCU 闭合动力蓄电池包内的负极继电器，否则进行高压掉电检测；负极继电器闭合后 BMS 完成动力蓄电池高压自检，通过后自检计数器置"2"发送给 VCU，否则 VCU 断开蓄电池负极继电器，各高压控制器检测高压，零功率输出；BMS 完成预充电并闭合动力蓄电池内的正极继电器，完成蓄电池高压分步检测，检测成功后自检计数器置"3"并发给 VCU，否则 BMS 断开蓄电池正极继电器，自检计数器置"2"并发给 VCU。预充电完成后，高压检测通过后整车上电完成，处于待行车状态，绿色 READY 指示灯点亮。

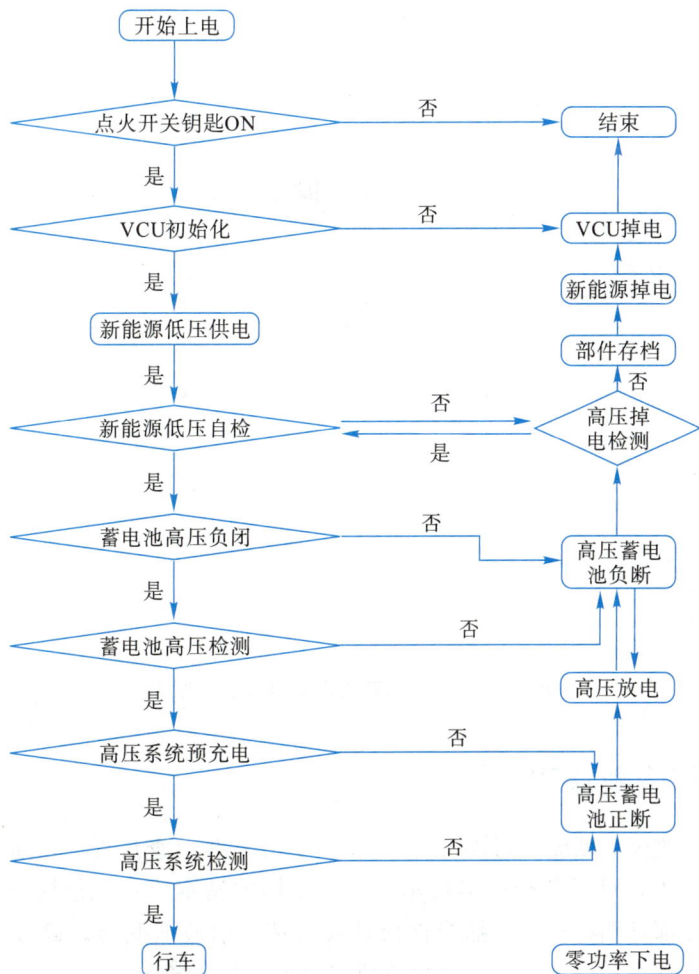

图 5-2-7　整车上、下电流程

5.2.2 故障原因分析

导致高压不上电的可能原因主要有绝缘故障、通信故障、互锁回路故障、接触器控制回路故障、低压蓄电池电量过低、动力蓄电池电量过低及动力蓄电池过热等，如图 5-2-8 所示。

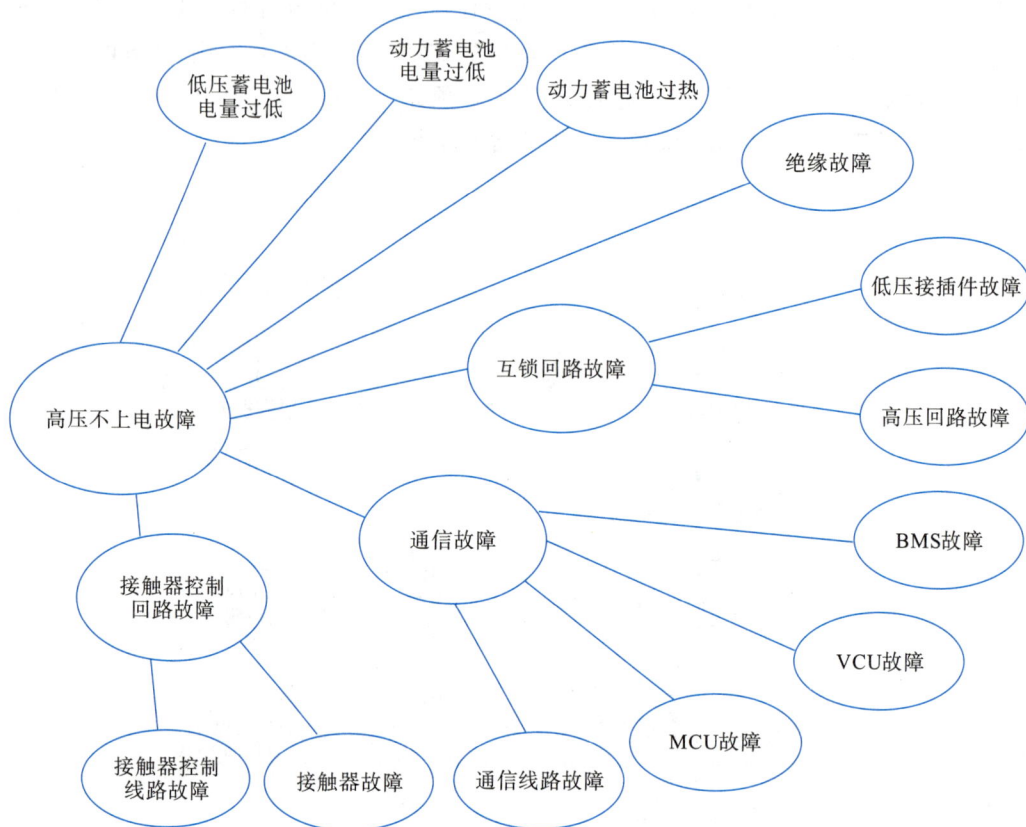

图 5-2-8 高压不上电的可能故障原因

5.2.3 故障诊断流程

高压不上电故障诊断流程可参考图 5-2-9。在初步检查过程中，通过对仪表和中控显示信息的检查，可以获得故障提示信息；车辆的基本检查，包括碰撞、裂痕、进水、控制单元和部件明显损坏、插接件松动或损坏、油液泄漏等。通过对车辆进行快速的初步检查，结合故障现象可以对故障原因做出初步判断。

新能源汽车具有高压系统，车辆的绝缘状况关乎驾乘人员的生命财产安全。驱动电机系统、动力蓄电池系统、整车控制系统是纯电动汽车的三大核心。一般情况下，当车辆出现绝缘故障时，车辆仪表以及中控会有明显的故障提示信息，比如"嘀嘀嘀"

的警报声、仪表上的故障指示灯、绝缘故障的文字提示等。当车辆驱动电机系统和动力电池系统出现故障时，车辆仪表以及中控也会有明显的故障提示信息。因此，通过对仪表及中控显示信息的观察及分析，可以得出车辆的大致状况和故障范围。

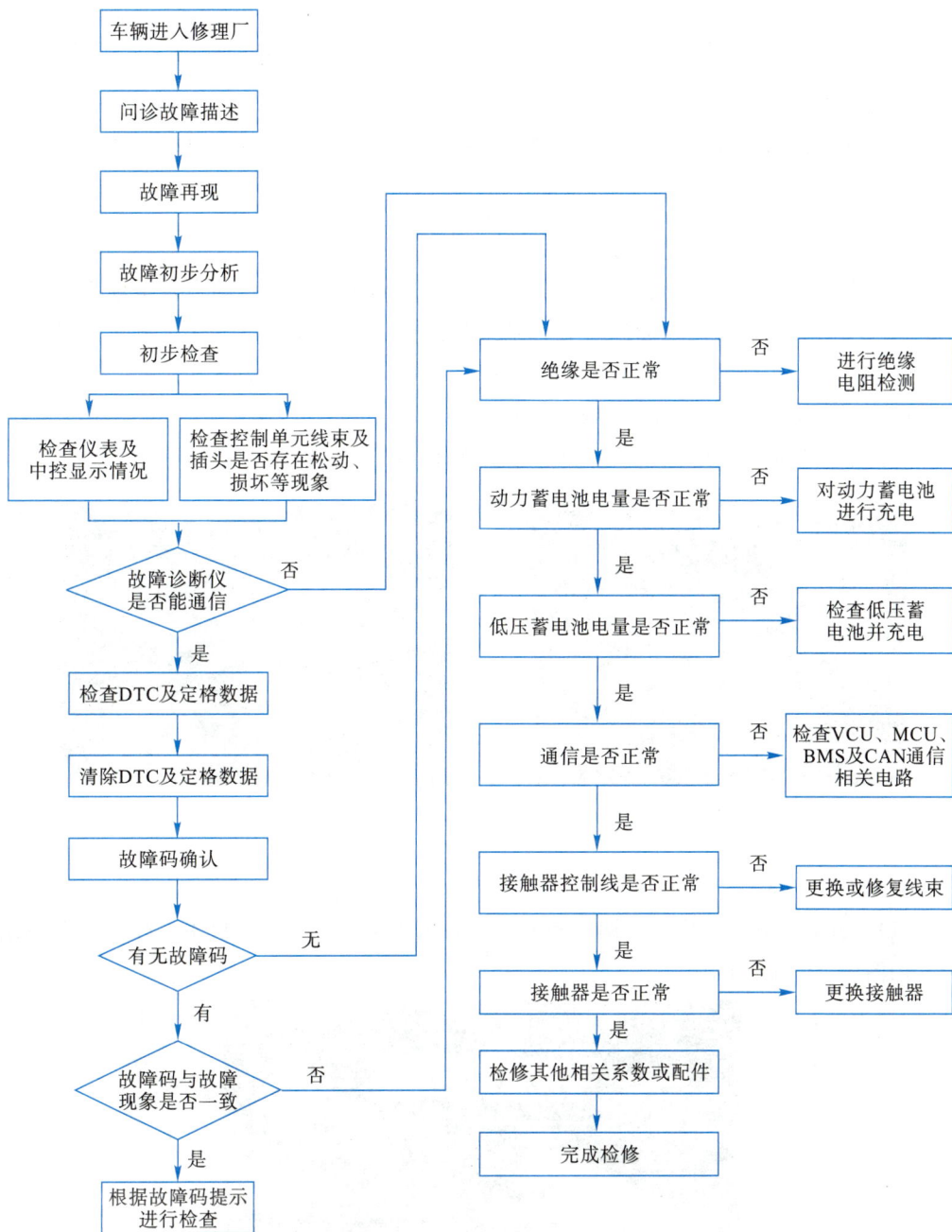

DTC 指诊断故障代码（Diagnostic Trouble Code）。

图 5-2-9　高压不上电故障诊断流程

可使用万用表、兆欧表、电流钳、红外测温仪、示波器、故障诊断仪等检测仪器设备或工具，完成高压不上电故障的相关检查项目。

5.2.4 故障诊断与修复

下面将利用上述诊断流程，完成任务导入中高压不上电故障的检测、诊断与修复。

1. 试车

经过试车，确认故障现象与客户描述一致。初步分析车辆高压系统没有上电，导致车辆无法行驶。

2. 检查组合仪表和中控的故障提示

打开启动开关，仪表盘显示剩余电量 90％、显示平均电耗；动力蓄电池系统故障灯点亮，动力蓄电池断开故障灯点亮，系统故障灯点亮；仪表盘上文字提示区域显示动力电池故障；不显示 READY；将换挡旋钮旋至 D 位，仪表盘上挡位指示位置 OFF灯点亮，车辆无法行驶，如图 5-2-10 所示。

观察中控显示屏，中控显示屏闪烁显示微度故障，如图 5-2-11 所示。

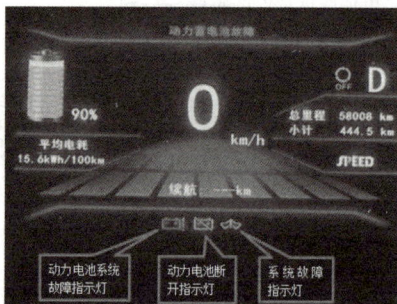

图 5-2-10 组合仪表故障提示

图 5-2-11 中控故障提示信息图

3. 车辆功能检查

（1）打开启动开关，操作空调控制面板，鼓风机工作，但压缩机不工作，空调不制冷，如图 5-2-12 所示。

图 5-2-12 检查空调控制系统

(2)反复踩下制动踏板，能听到电动真空泵工作的声音，电动真空泵正常工作，如图 5-2-13 所示。

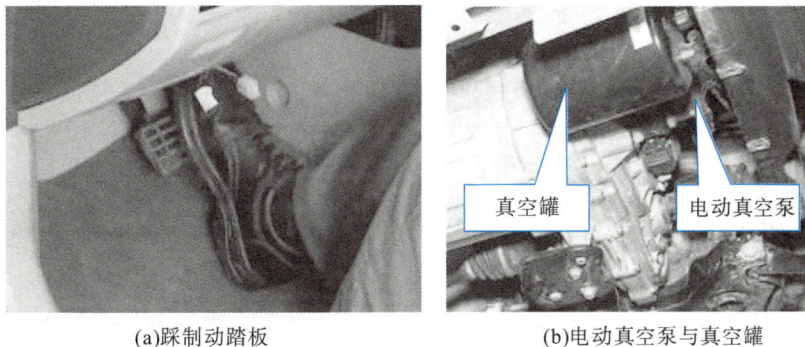

(a)踩制动踏板   (b)电动真空泵与真空罐

图 5-2-13 检查真空泵控制

(3)关闭启动开关，插上慢充枪，观察充电情况。仪表盘上充电连接指示灯正常点亮，充电显示 0 V、0 A，显示续驶里程，动力蓄电池系统故障灯点亮，动力蓄电池断开故障灯点亮，系统故障灯点亮，仪表盘上文字提示区域显示动力蓄电池故障[见图 5-2-14(a)]，车载充电机上充电运行指示灯没有点亮[见图 5-2-14(b)]，无法充电。

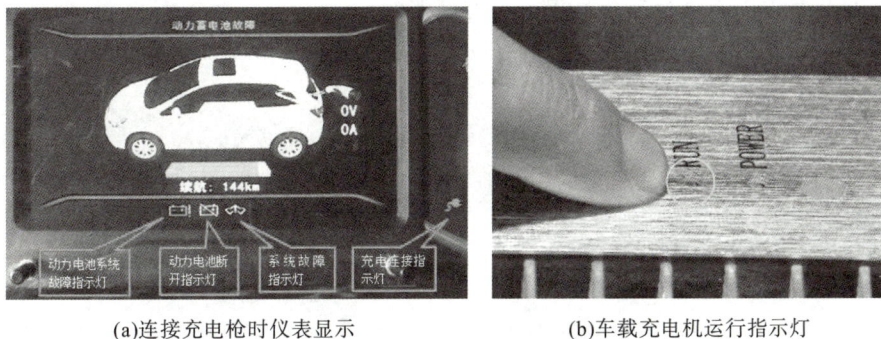

(a)连接充电枪时仪表显示   (b)车载充电机运行指示灯

图 5-2-14 检查充电情况

(4)车辆基本检查。关闭启动开关，拆下低压蓄电池负极，打开前机舱盖，穿戴好个人防护用具。检查控制单元和线束插头是否存在松动、破损、进水、受潮等现象。

任务总结

(1)整车上、下电包括低压供电与断电、唤醒与取消唤醒、高压上电与下电。

(2)电动汽车唤醒整车控制器的方式通常有 4 种：点火钥匙唤醒、快充唤醒、慢充唤醒和远程 App 唤醒。

（3）非充电模式下控制器唤醒主要有 ON 挡继电器唤醒和 VCU 唤醒。慢充电模式下控制器唤醒主要有慢充唤醒和 VCU 唤醒，快充模式下控制器唤醒主要有快充唤醒（直流充电桩直流输出）和 VCU 唤醒，远程模式下控制器唤醒主要有远程 App 唤醒、远程唤醒和 VCU 唤醒。

（4）导致高压不上电的可能原因主要有绝缘故障、通信故障、互锁回路故障、接触器控制回路故障、动力电池电量过低等。

🔖 思考题

1. 填空题

（1）为了保证_____，整车控制系统必须在确保整车主要高、低压部件正常的情况下使动力蓄电池的正、负极_____闭合，从而对外供电。

（2）电动汽车唤醒整车控制器的方式通常有 4 种：_____唤醒、_____唤醒、_____唤醒和远程 App 唤醒。

（3）新能源汽车具有高压系统，车辆的_____状况关乎驾乘人员的生命财产安全。

2. 简答题

（1）高压检测点有哪些作用？

（2）导致高压不上电的可能原因主要有哪些？

（3）简述高压不上电故障诊断流程。

课题 6

混合动力电动汽车常见故障案例分析

任务 6.1　普锐斯汽车无法行驶故障的诊断与维修

情景导入

客户保修：我的普锐斯 ZVW20 混合动力电动汽车，昨天在行驶时，主警告灯、发动机故障灯、电子车身稳定系统警告灯都点亮，提示 HEV 系统有故障，并且还发现 HEV 动力蓄电池的充电状态降到下限位置，车辆无法行驶。

学习目标

(1)掌握混合动力电动汽车的结构特点和基本工作原理。

(2)熟悉普锐斯混合动力系统的结构组成。

(3)学会普锐斯混合动力系统故障的检测与诊断方法。

(4)能够进行普锐斯混合动力系统的维修。

(5)培养良好的职业道德与安全环保意识。

6.1.1　混合动力电动汽车的相关知识

1. 混合动力电动汽车及其特点

1)混合动力电动汽车定义

混合动力电动汽车(Hybrid Electric Vehicle，HEV)，是指能够至少从消耗的燃料和可再充电电能储存装置两类车载的能量中获得动力的汽车，本书主要是指从内燃机和动力蓄电池获得动力的汽车。

2)混合动力汽车的主要特点

(1)混合动力汽车的优点。

①发动机可工作在经济工况区，排放低，燃油消耗少。在繁华市区，可关闭发动机，由蓄电池单独驱动，实现"零"排放。

②节能。由于有了蓄电池，可以十分方便地回收制动时、下坡时、怠速时的能量。

③在目前充电桩等基础设施配套不完善的前提下，相比于纯电动汽车，续驶里程更长。

（2）混合动力汽车的缺点。HEV包括两套动力，各自有各自的管理控制系统，结构更复杂，技术更难，成本更高。

2. HEV 动力系统的基本结构与工作模式

1）HEV 总体组成

HEV是在BEV基础上增加一套动力系统，本书主要指内燃机。HEV总体组成如图6-1-1所示，主要由动力蓄电池、发动机、驱动电机、驱动电机控制器、变速器、充电接口等组成。

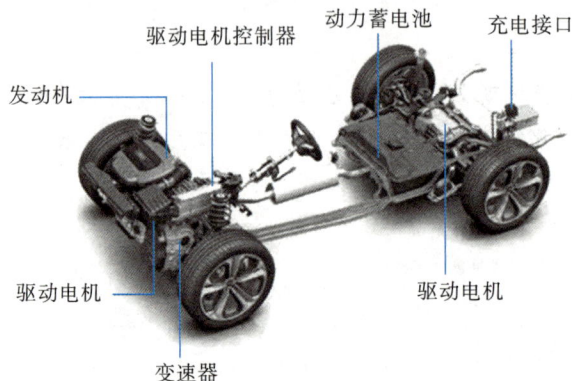

图 6-1-1 HEV 总体组成

动力蓄电池和发动机是HEV的动力源，驱动电机用于将动力蓄电池的电能转化为机械能，驱动车辆行驶，发电机将发动机的机械能转换为电能向动力蓄电池充电，也可以直接提供给驱动电机。控制系统对动力蓄电池、发动机及驱动电机进行管理和控制。

2）HEV 基本工作模式

（1）在车辆行驶之初，动力蓄电池处于电量饱满状态，其能量输出可以满足车辆要求，发动机不需要工作，动力蓄电池输出的直流电经控制器供入驱动电机，驱动电机输出的转矩经减速齿轮、传动轴及驱动桥驱动车轮。

（2）当动力蓄电池电量低于一定值时，发动机在控制器控制下自动启动，为驱动电机提供能量。

（3）当车辆能量需求较大时，比如上坡或加速，发动机与动力蓄电池同时为汽车提供能量，同时还给动力蓄电池进行充电。

(4)当车辆减速或制动时，发动机与动力蓄电池都停止对外供给能量，在控制器的控制下，电动机转换为发电机，回收减速和制动能量，向动力蓄电池充电。

3. HEV 分类

1)按照混合度分类

混合度是指电动机的输出功率占整车输出功率的比例，即

$$H = \frac{P_{电机}}{P_{整车}} \times 100\%$$

根据混合度可将混合动力汽车分为微混合型、轻度混合型及重度混合型混合动力汽车。

(1)微混合型混合动力电动汽车，以发动机为主要动力源，电机作为辅助动力，具备制动能量回收功能，混合度小于10%。

(2)轻度混合型混合动力电动汽车，以发动机为主要动力源，电机作为辅助动力在车辆加速和爬坡时为车辆行驶系统提供辅助驱动力，一般情况下，混合度大于10%。

(3)重度混合(强混合)型混合动力电动汽车，以发动机或电机为动力源，一般情况下混合度大于30%，且电机可以独立驱动车辆正常行驶。

2)按照能否外部充电分类

根据是否能外接充电可将混合动力汽车分为插电式混合动力汽车和非插电式混合动力汽车(油电混合动力汽车)两种。

插电式混合动力汽车(Plug-in Hybrid Vehicle, PHV)有充电接口，电池容量比较大，介于电动车与燃油车两者之间，在行驶距离不长和具备充电条件的情况下，插电式混合动力汽车可以不用加油，当作纯电动车使用。比亚迪秦、宝马i8、比亚迪唐、保时捷918等都属于插电式混合动力汽车。

非插电式混合动力汽车(油电混合动力汽车)必须加油，通过发动机驱动发电机来给电池充电，由于有电动机的辅助，可以明显降低油耗。

3)按照行驶模式的选择方式分类

按照行驶模式的选择方式，可将混合动力汽车分为有手动选择功能及无手动选择功能两种。

具备手动选择功能的混合动力电动汽车，其可选择的行驶模式包括发动机模式、纯电动模式和混合模式三种。

不具备行驶模式手动选择功能的混合动力电动汽车，车辆的行驶模式根据不同工况自动切换。

4)按动力系统结构形式分类

按动力系统结构形式，可将混合动力汽车分为串联式混合动力汽车(Series Hybrid

Electric Vehicle，SHEV)、并联式混合动力汽车(PHEV)、混联式(串、并联式)混合动力汽车。

(1)串联式混合动力汽车。如图 6-1-2 所示，串联式混合动力汽车一般由发动机直接带动发电机发电，产生的电能通过控制单元传输到电池，再由电池传输给电动机转化为动能，最后通过变速机构驱动汽车。发电机产生的能量对电池进行能量补充，电池向电动机提供驱动时所需的能量，从而保证车辆正常工作与行驶。串联式混合动力系统在城市公交上应用比较多，乘用车上很少使用。

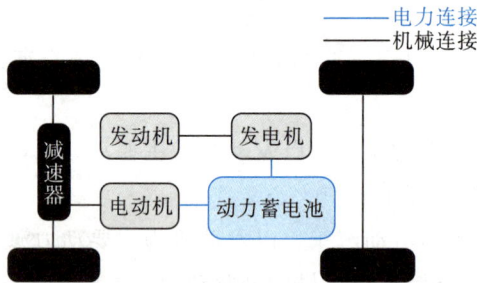

图 6-1-2 串联式混合动力汽车结构示意图

(2)并联式混合动力汽车。并联式混合动力汽车即车辆驱动力由电机及内燃机同时或单独供给的混合动力汽车。混合动力系统中的发动机和电动机两套驱动系统以并联形式共同驱动车辆，如图 6-1-3 所示。车辆可以由发动机单独驱动、电动机单独驱动或一起协调工作共同驱动。由于发动机与驱动轮之间有直接的机械连接，提高了能量转化效率。并联系统结构紧凑，比较适用于乘用车，但并联式混合动力系统的传动结构较为复杂，工作模式较多，控制系统十分复杂。

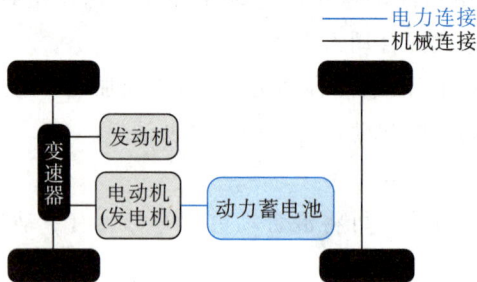

图 6-1-3 并联式混合动力汽车结构示意图

(3)混联式混合动力汽车。混联式混合动力汽车即同时具有串联式和并联式驱动方式的混合动力汽车，如图 6-1-4 所示。

混联式混合动力汽车兼有串联式和并联式混合动力电动汽车的结构特点，与串联式相比增加了机械动力的传递路线，与并联式相比增加了电力驱动路线，具有串联式与并联式的优点，但其结构复杂，成本高，控制也更加困难。

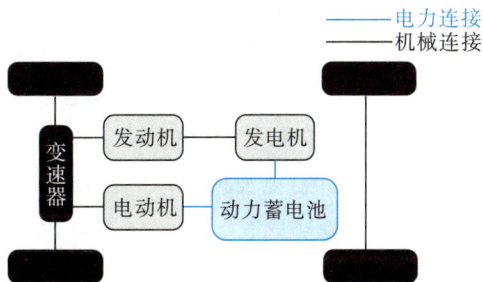

图6-1-4　混联式混合动力汽车结构示意图

6.1.2　丰田普锐斯混合动力系统的结构与工作原理

1. 结构

如图6-1-5所示，丰田普锐斯第三代混合动力系统，包括发动机和电机驱动两部分，这里主要介绍电机驱动部分。电机驱动系统由动力蓄电池总成、辅助蓄电池总成、混合动力传动桥、带变换器的逆变器总成、发动机、带电机的压缩机总成、动力管理控制ECU及电源电缆等组成。

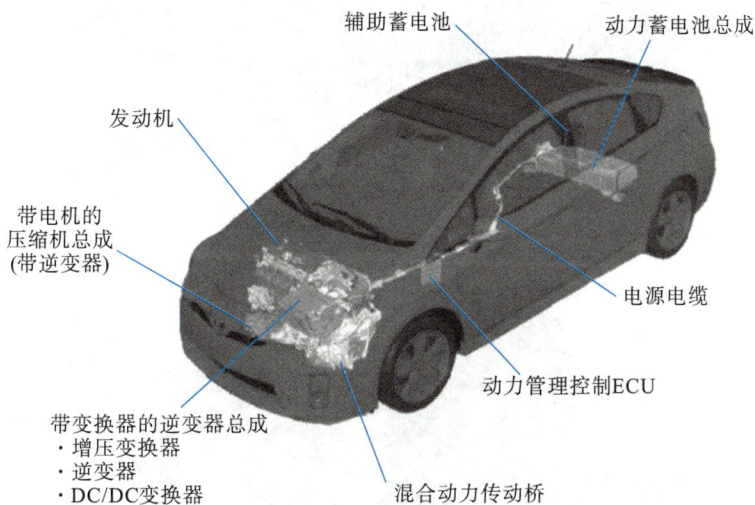

图6-1-5　普锐斯电机驱动系统组成

下面详细介绍动力蓄电池、混合动力传动桥、带变换器的逆变器及动力管理控制ECU四部分。

1)动力蓄电池

丰田普锐斯采用密封镍氢电池作为动力蓄电池。

动力蓄电池安装在行李舱内，蓄电池单体数量为 168 个，6 个蓄电池单体组成一个模块，共包括 28 个模块(见图 6-1-6)，由于每个单体电压是 1.2 V，所以总电压为 201.6 V(1.2 V×168)。放电时，电流可达 125 A。

如图 6-1-7 所示，动力蓄电池(蓄电池模块)、动力蓄电池电子控制单元和系统主继电器(System Master Relay，SMR)集成在一起，该装置位于后座的行李舱中，这样可更有效地使用车内空间。蓄电池系统中还包含一个维修塞，用于必要时切断电源，维修高压电路的任何部分时，切记将维修塞拔下。充放电时，动力蓄电池散发热量，为保护蓄电池的性能，蓄电池电子控制单元控制冷却风扇工作，冷却鼓风机从车厢吸入空气传送至动力蓄电池，以使动力蓄电池保持适当的工作温度。

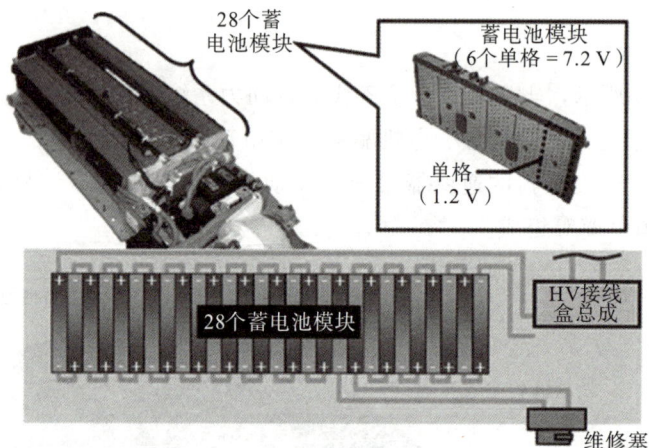

图 6-1-6　动力蓄电池模块

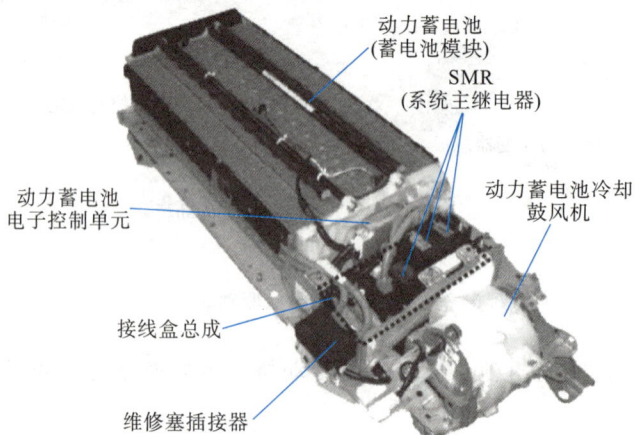

图 6-1-7　动力蓄电池

动力蓄电池内部有 3 个继电器(见图 6-1-8),用于接通或切断高压电,同时保护接触器触点。动力蓄电池电路接通时,主正继电器和预充继电器先闭合,由于预充继电器电路接入电阻器,可控制接通电流。之后,主负继电器工作而预充继电器关闭,可以使主负继电器电路中的触点避免受到强电流冲击进而造成伤害。

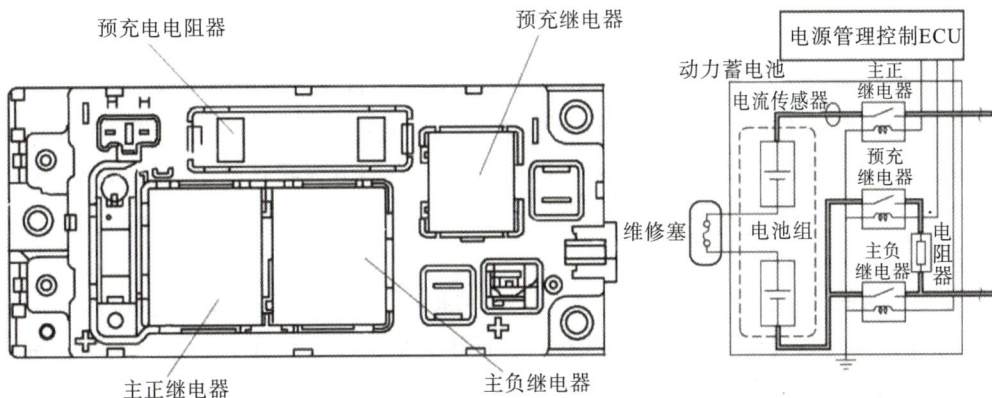

图 6-1-8　动力蓄电池内部接触器

2)混合动力传动桥

普锐斯采用丰田混合动力传动桥 P410,混合动力传动桥 P410 由电机一和电机二、复合齿轮装置、传动桥阻尼器、中间轴齿轮、主减速驱动齿轮、主减速从动齿轮、差速器小齿轮和油泵组成,如图 6-1-9 所示。

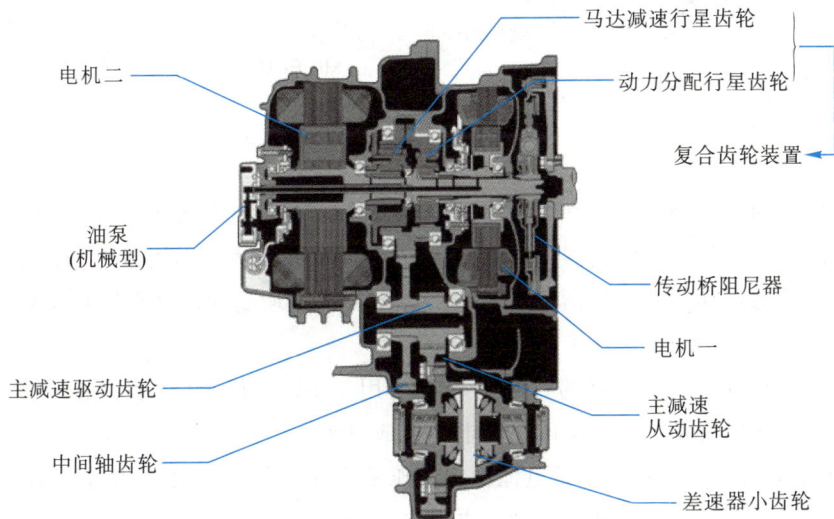

图 6-1-9　混合动力传动桥 P410 的组成

内置于混合动力传动桥的电机一（MG1）和电机二（MG2）为结构紧凑、质量轻且高效的交流永磁同步电机。

MG1 由内燃机驱动，主要用作发电机，为 MG2 驱动车辆提供电能，并对动力蓄电池充电，此外在启动发动机时还用作起动机。

MG2 的主要作用是利用 MG1 和动力蓄电池提供的电能，以电动机模式运行驱动车辆，此外在减速过程中还用作发电机，对动力蓄电池充电并提供再生制动能量。

复合齿轮装置由动力分配行星齿轮机构和电机减速行星齿轮机构组成。

机械油泵内置于混合动力传动桥，由发动机驱动，采用压力润滑各齿轮。另外，传动桥还通过减速齿轮旋转使集油箱内的润滑油甩出润滑齿轮，减小了机械油泵的运转负载。

3）带变换器的逆变器

带变换器的逆变器总成安装在前舱内，外部接口为动力蓄电池高压线接口，MG1、MG2 高压线接口，空调压缩机高压线接口和低压线束接口。如图 6-1-10 所示，带变换器的逆变器总成内部为多层结构，主要由电容、智能动力模块、电抗器、MG ECU、DC/DC 变换器等组成。

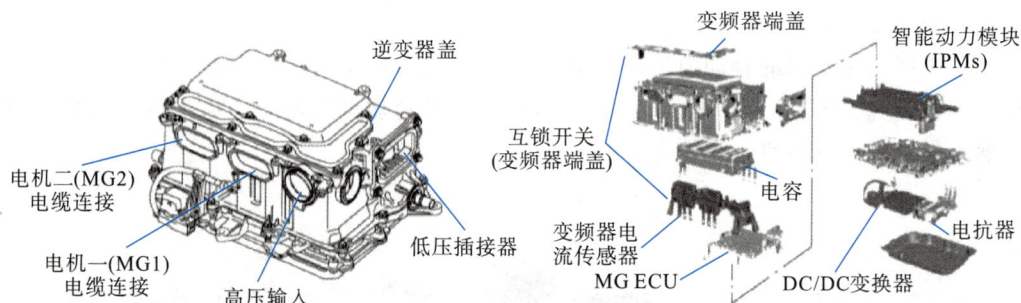

图 6-1-10　带变换器的逆变器总成

带变换器的逆变器工作原理如图 6-1-11 所示。MG ECU 根据动力管理控制 ECU 的信号控制逆变器和增压变换器，从而使 MG1 和 MG2 作为发动机或电动机运行。

增压变换器将动力蓄电池额定电压从直流 201.6 V 增高为最高直流 650 V，反之可将直流 650 V 降低为直流 201.6 V。

逆变器将来自增压变换器的直流电转换为用于 MG1 和 MG2 的三相正弦交流电，反之也可以将电机或发电机发出的交流电转换成直流电。

DC/DC 变换器负责将动力蓄电池额定电压从直流 201.6 V 降低为直流 14 V 左右，为低压电气部件提供电力，并为辅助蓄电池再充电。

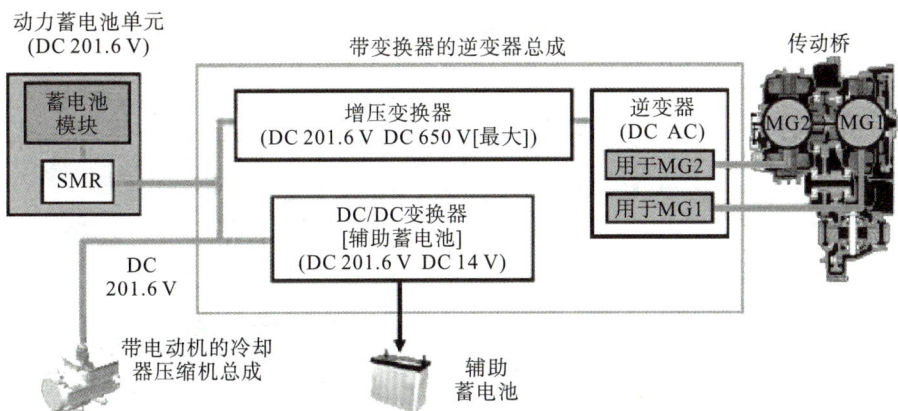

图 6-1-11 带变换器的逆变器工作原理

4)动力管理控制 ECU

动力管理控制 ECU 也称混合动力汽车(Hybrid Electric Vehicle，HEV)中央处理器(Central Processing Unit，CPU)，它负责执行混合动力系统的综合控制，具体有以下几种功能。

(1)接收来自各传感器及 ECU(ECM、MG ECU、蓄电池控制单元等)的信息，并基于这些信息计算出所需的转矩及输出功率，动力管理控制 ECU 将计算的结果发送到其他 ECU。

(2)监视动力蓄电池的 SOC。

(3)控制 DC/DC 变换器、HEV 水泵和动力蓄电池冷却鼓风机等。

2. 工作原理

如图 6-1-12 所示，普锐斯混合动力系统工作时，HEV CPU 根据汽车工况控制动力蓄电池输出高压电，同时也和逆变器建立通信，将直流 201.6 V 进行增压，再经逆变器转换成三相交流电驱动电机运行。

图 6-1-13 和图 6-1-14 分别为动力分配行星齿轮组及其简图。从图上可看出，普锐斯动力组件上有两套行星齿轮组件：动力分配行星组件和电机减速行星组件。前者分配动力，后者主要起到减速作用。动力分配行星组件的行星架与发动机相连，太阳轮与 MG1 相连，齿圈输出动力。

电机减速行星组件的太阳轮则与 MG2 相连，行星架固定，齿圈与动力分配行星组件的齿圈固定，可一起输出动力。

根据行驶工况不同，HEV CPU 会控制发动机、电动机、发电机或其他子系统相互协调地工作，以满足具体工况的需求。

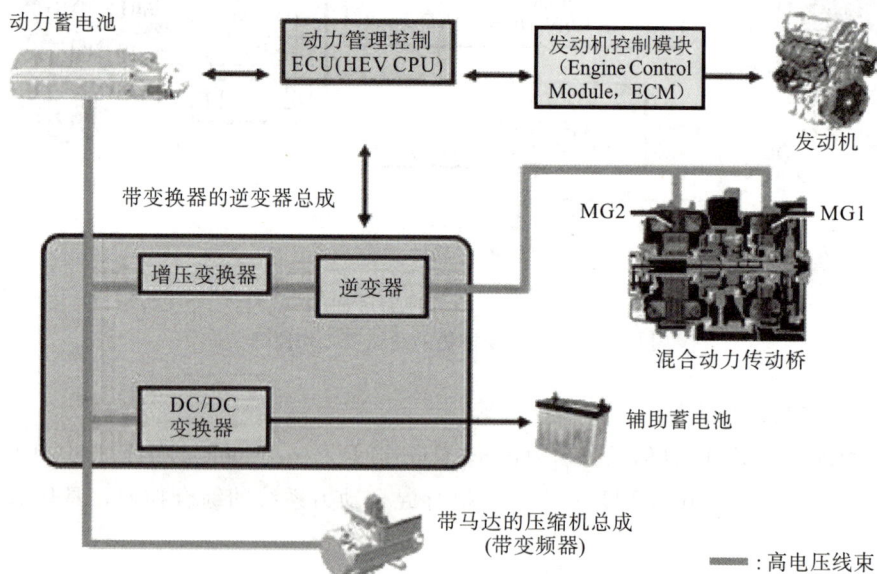

图 6-1-12 普锐斯混合动力系统工作原理

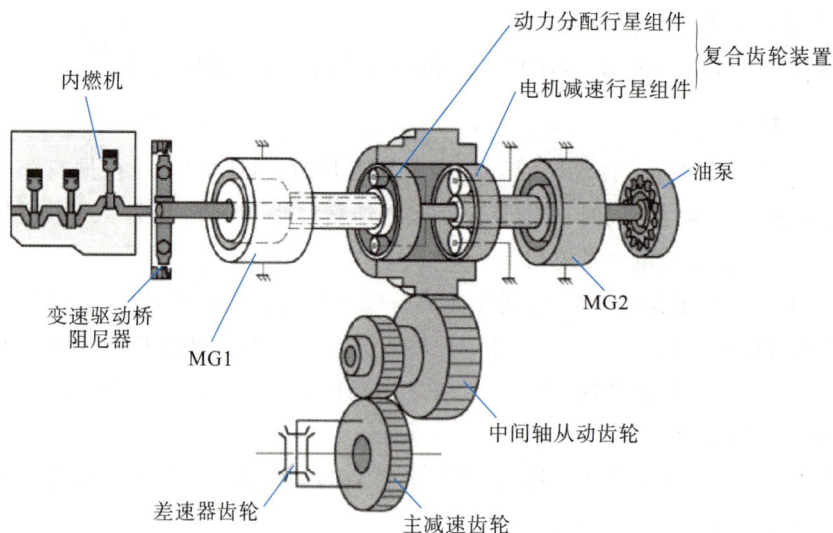

图 6-1-13 动力分配行星齿轮组

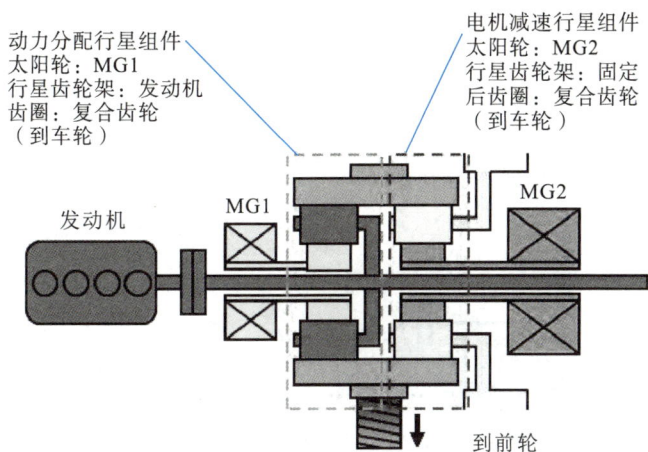

图 6-1-14　动力分配行星齿轮组简图

图 6-1-15 所示为纯电动模式，此时动力蓄电池向 MG2 供电，从而提供驱动前轮的动力；图 6-1-16 所示为发动机与电动机混合驱动的模式，此时发动机通过行星轮驱动前轮，同时也驱动 MG1，将产生的电力提供给 MG2；图 6-1-17 所示为充电模式，此时是动力蓄电池亏电，发动机通过行星轮带动 MG1，对动力蓄电池进行充电；图 6-1-18 所示为能量回馈模式，此时车辆是减速或制动状态，前轮动能被回收并转换为电能，通过 MG2 向动力蓄电池再充电。

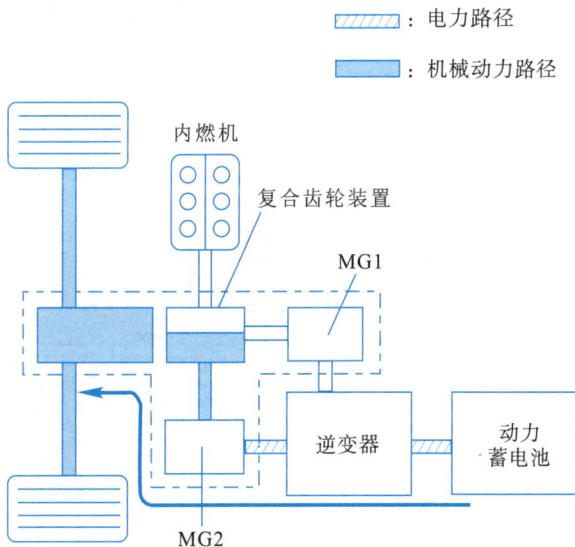

图 6-1-15　纯电动模式

图 6-1-16 中的图例：

▨ : 电力路径

▬ : 机械动力路径

内燃机

复合齿轮装置

MG1

逆变器

动力蓄电池

MG2

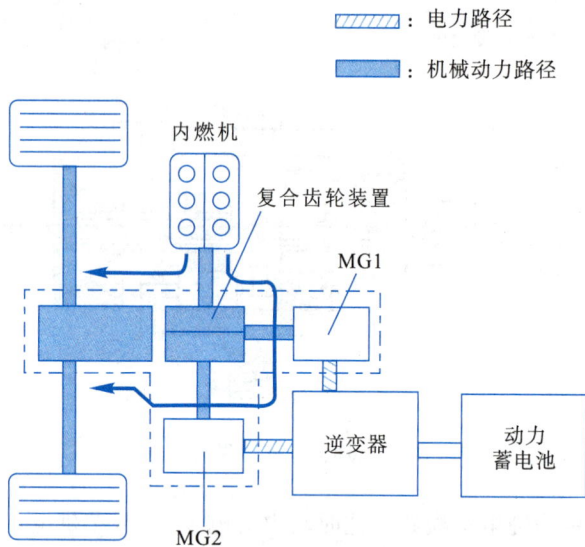

图 6-1-16 发动机与电动机混合驱动模式

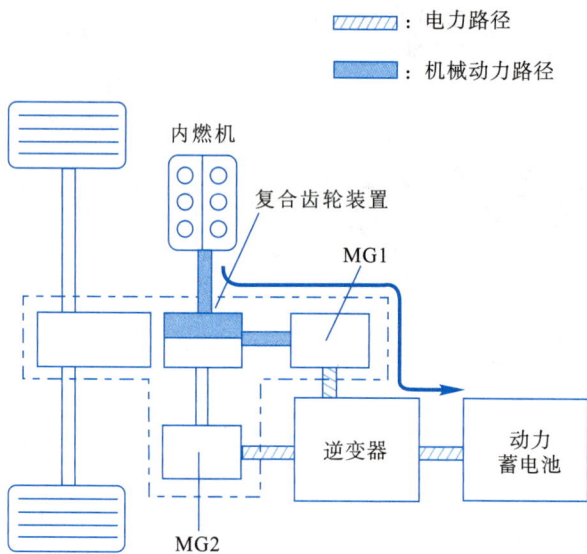

▨ : 电力路径

▬ : 机械动力路径

内燃机

复合齿轮装置

MG1

逆变器

动力蓄电池

MG2

图 6-1-17 充电模式

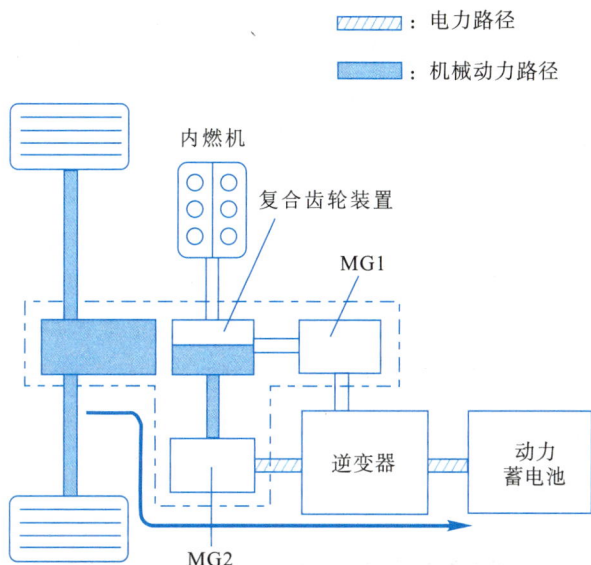

图 6-1-18　能量回馈模式

6.1.3　普锐斯汽车无法行驶的故障分析

根据普锐斯电动汽车混合动力系统的结构原理，普锐斯汽车无法行驶，其故障可能的原因有以下几方面。

(1)高压传感器及开关故障，如传感器故障、互锁开关故障、维修塞故障等。

(2)传统传感器故障，如加速踏板传感器故障、制动开关故障、转速传感器故障等。

(3)内燃机电控系统故障，如电路故障、接触不良、内部损坏等。

(4)动力蓄电池故障，如电路故障、单体蓄电池损坏、过热等。

(5)HEV CPU 故障，如电路故障、接触不良、内部损坏等。

(6)电机故障，如电机内部短路、过热、过载等。

6.1.4　普锐斯汽车动力系统故障检查

1. 动力控制系统检测注意事项

(1)检查高压系统务必采取安全措施，佩戴绝缘手套，拆下维修塞，放在自己口袋中，以防别人拿到再插上，造成触电事故。

(2)拆下维修塞后至少等待 10 min 放电。

(3)拆下高压连接器后，要用绝缘胶带缠绕连接器以防接触异物。

(4)动力系统重新激活时，注意将电源开关置于 OFF 挡后，从辅助蓄电池负极端子上断开电缆前需要等待一定时间。

（5）断开 AMD 端子前，务必从辅助蓄电池负极端子上断开电缆，并用绝缘胶带缠绕 AMD 端子。

（6）应认真阅读车辆维修手册，尤其要熟悉动力系统控制电路的组成原理。

2. 直观检查

直观检查包括静态直观检查和动态直观检查。静态直观检查是指在未上电的情况下检查高压系统外部是否破损、漏液，接头是否脱落、松动等，并予以排除；动态直观检查是指在上电情况下试车，观察是否有异响，是否出现客户描述的故障现象，初定是偶发性故障还是静态故障，作出初步的故障判断，并记录故障详细征兆。

3. 用丰田 TIS 诊断系统进行故障诊断

（1）丰田 TIS 诊断系统见图 6-1-19。

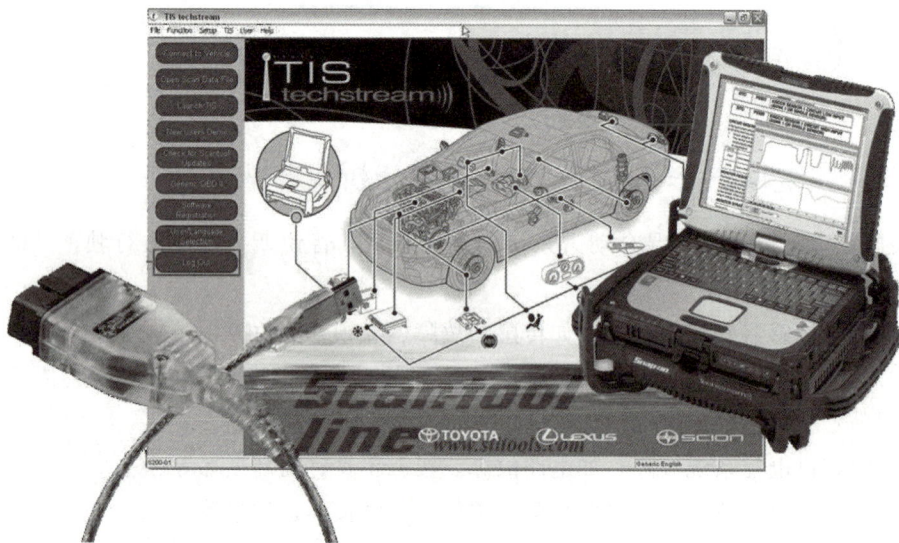

图 6-1-19　丰田 TIS 诊断系统

（2）丰田 TIS 诊断系统功能。

①存储和传送车辆数据。

②进行无线或有线车辆诊断。

③可同时查看监控状态的结果和细节，同时进行当前故障码、历史故障码查询。

④可进行车辆的重新编程。

（3）丰田 TIS 诊断系统一般流程。

①车辆送入维修车间。

②客户故障分析。

③将智能检测仪连接到诊断接口 DLC3，电源开关置于 ON(IG)挡，打开智能检测仪，如果检测仪上显示有通信故障，则检查 DLC3。

④检查故障码并保存定格数据。

⑤清除故障码和定格数据。

⑥进行目视检查。

⑦确认故障症状。

提示：如果发动机无法启动，则首先执行步骤⑨和⑪。结果若未出现故障请转至⑧，出现故障则转至⑩。

⑧再现产生症状的条件。

⑨检查故障码。有故障码输出则转至⑩，无则转至⑪。

⑩请参考故障码表。

提示：使用智能检测仪上的相同菜单显示混合动力控制系统和混合动力蓄电池系统的故障码。必要时检查混合动力控制系统和混合动力蓄电池系统的故障码表。

⑪进行基本检查。如结果未确认故障零件则转至⑫，确认则转至⑮。

⑫检查 ECU 电源电路。如结果未确认故障则进入⑬，确认则转至⑯。

⑬进行电路检查。如结果未确认故障则进入⑭，确认则转至⑯。

⑭检查是否存在间歇性故障。如结果未确认故障则进入⑮，确认则转至⑯。

⑮进行零件检查。

⑯识别故障。

⑰调节或维修。

⑱进行确认测试。

⑲结束。

(4)用其他仪器进行故障诊断。可以采用万用表或示波器进行故障的辅助诊断和深入检测。

6.1.5 普锐斯汽车无法行驶的故障诊断维修

1. 故障诊断

丰田 TIS 诊断系统一般流程：将诊断仪连接到诊断插座 DLC 3 上，接通点火开关 (IG/ON)，打开诊断仪电源，在系统选择屏幕上，进入菜单 "Power train/Hybrid Control/DTC"，读到的故障码为 P0A93/346 和 P0A37/260，故障码含义见表 6-1-1，保存上述 2 个故障码的定格数据。

表 6 - 1 - 1　故障码含义

故障码	故障内容	故障可能发生部位
P0A93	变频器冷却系统故障(冷却液泵故障)	电动冷却液泵导线或插接器，带电机的冷却液泵总成，冷却风扇电机，2 号冷却风扇电机，带功率变换器的变频器总成
P0A37	驱动电机温度传感器电路范围/性能	混合动力车辆驱动电机，变速驱动桥油泄漏，变速器驱动桥总成

查看 2 个故障码的定格数据，发现故障码 P0A93 定格数据中，故障码指定了故障内容和故障可能发生的部位，在详细信息中，又把故障码 P0A93 DTC 作为第 1 检查顺序(Occurrence Order 显示 1)，同时详细信息中一些 HEV 系统运行数据与正常运行的数据比较，发生了明显的偏差，如变频器(MG1)输出的工作温度为 107 ℃(Inverter Temp MG1 显示 107 ℃，对比正常值为 50～65 ℃)，变频器(MG2)输出的工作温度为 86 ℃(Inverter Temp MG2 显示 86 ℃)，最高达到 102 ℃(对比正常值为 50～70 ℃)。通过上述数据分析，基本上确定了故障产生的范围是变频器散热系统故障。而故障码 P0A37 只是提示变频器散热系统故障使驱动桥内 MG2 工作温度偏高。

检查变频器散热系统冷却液储液罐内的冷却液，冷却液采用的是超级长效冷却液，且液位正常；检查冷却液软管，没有发现破裂、弯曲和堵塞现象；检查电动冷却泵上的导线连接器，连接良好；接通点火开关(IG/ON)，测量电动冷却液泵电动机的工作电压，12.5 V 为正常，但此时却没有发现电动冷却液泵运转，冷却液在储液罐内没有循环。因此，判断故障原因是变频器散热系统的电动冷却液泵损坏，造成冷却液不能在变频器与变速驱动桥之间循环冷却，使变频器工作温度过高。

2. 故障排除

(1)拆卸电动冷却液泵外部电气连接和机械连接，取下电动冷却液泵。

(2)更换新的电动冷却液泵并安装。

(3)试车。

结果：变频器工作温度降到了正常值，仪表各项显示均正常，故障排除。

任务总结

(1)混合动力电动汽车一般是指能够至少从消耗的燃料和可再充电电能储存装置两类车载的能量中获得动力的汽车。

(2)HEV 的主要特点：排气污染少、节能、续行里程长、可以利用现有的加油站加油。但 HEV 包括两套动力，各自有各自的管理控制系统，结构更复杂，技术更难，成本更高。

（3）HEV 动力系统主要由动力蓄电池、发动机、发电机、驱动电机、控制器等组成。

（4）HEV 按照混合度可分为微混合型、轻度混合型和重度混合型混合动力汽车；按照能否外部充电分为插电式、非插电式混合动力汽车；按照动力系统结构形式分为串联式、并联式和混联式混合动力汽车。

（5）复合齿轮装置由动力分配行星齿轮机构和电机减速行星齿轮机构组成。机械油泵内置于混合动力传动桥，由发动机驱动，采用压力润滑各齿轮。

（6）普锐斯混合动力系统的故障检查方法有直观检查、TIS 诊断设备智能检测、万用表测量检查和示波器检测等。

思考题

1. 填空题

（1）混合动力汽车是由_____、_____与_____等组成的。

（2）HEV 的混合度是指_____的输出功率占_____输出功率中的比例。

（3）HEV 按照混合度可分为_____、_____和_____。

（4）插电式混合动力汽车蓄电池可以使用_____充电，容量比纯电动的_____，但大于_____汽车，发动机只是作为后备动力来源，在_____时才启用。

（5）HEV 按动力系统结构形式可分为_____式、_____式和_____式混合动力汽车。

（6）串联式混合动力系统将_____与_____串联，共同驱动电动机运行。

（7）并联式混合动力系统中有发动机和电动机两套驱动系统，车辆可以由_____单独驱动、_____单独驱动或者_____协调工作共同驱动。

（8）普锐斯 HEV 的动力蓄电池类型属于_____型电池，单格蓄电池的电压是_____ V，总电压为_____ V。电机 MG1 和 MG2 为_____型电机。

2. 简答题

（1）简要说明普锐斯混合动力系统的工作原理。

（2）说明动力控制系统检测注意事项。

任务 6.2　比亚迪秦混合动力电动汽车 EV 模式失效故障的诊断与维修

情景导入

客户报修：我的比亚迪秦混合动力电动汽车，买了 1 年了，昨天在行驶中仪表板突然显示"请检查动力系统"字样，车辆强制进入 HEV 模式，手动无法切换到 EV 模式。

学习目标

(1)熟悉比亚迪秦混合动力系统的结构组成特点。

(2)掌握比亚迪秦混合动力系统的工作模式。

(3)学会比亚迪秦混合动力系统故障的检测与诊断方法。

(4)能够进行比亚迪秦混合动力系统的维修。

(5)培养良好的职业道德与安全环保意识。

6.2.1　比亚迪秦 PHEV 插电混合动力电动汽车知识准备

比亚迪秦混合动力电动汽车简称比亚迪秦，其外观如图 6-2-1 所示。

图 6-2-1　比亚迪秦外观

1. 概述

比亚迪秦采用二代 DM 双模动力系统，带有一个 1.5T 涡轮增压发动机和一个 110 kW电动机。发动机和电动机共同工作可实现 223 kW 最大功率及 440 N·m 最大转矩的输出,纯电动续航里程达到 50 km。比亚迪秦作为一款插电式混合动力电动汽车,能够使用 220 V 市电对车辆充电,非常方便。比亚迪秦在行李舱还附带了一个便携式充电器,这使比亚迪秦就像一个大家电,即插即用。

搭载二代 DM 技术的比亚迪秦在经济性、动力性、操控性、稳定性以及安全性等方面表现更好。二代 DM 混合动力总成技术是比亚迪在一代 DM 技术基础上开发的,采用了涡轮增压和缸内直喷发动机、双离合自动变速器(Dual Clutch Transmission,DCT)、高转速电机、电机控制器总成、分布式电源管理、磷酸铁锂电池。比亚迪秦动力系统原理如图 6-2-2 所示。

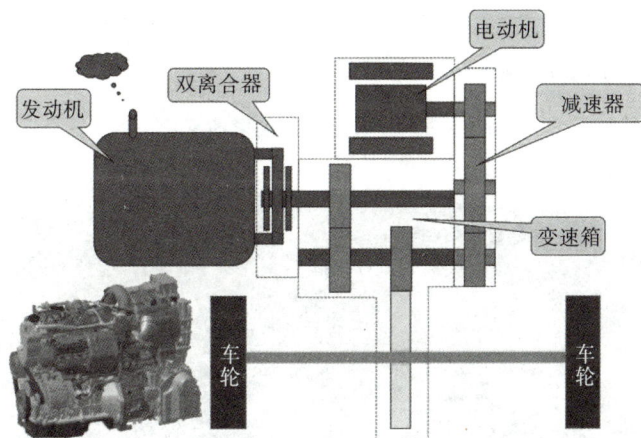

图 6-2-2　比亚迪秦动力系统原理

2. 比亚迪秦动力系统的基本组成与工作原理

1)基本组成

比亚迪秦动力系统主要由发动机与纯电动两大部分组成,发动机采用 BYD476ZQA 电控汽油机,纯电动与前述的 BEV 类似,主要由动力蓄电池及其管理器、驱动电机及其控制器、充电系统和高压配电箱等组成,如图 6-2-3 所示。比亚迪秦高压系统在车上的布置如图 6-2-4 所示。

2)工作原理

比亚迪秦有以下 2 种工作模式。

(1)EV(纯电动)模式。如图 6-2-5 所示,在纯电动工作模式下,动力蓄电池提供电能,以供电机驱动车辆,可以满足各种工况行驶,如起步、倒车、怠速、急加速、匀速行驶等。

提示:急加速、车速过高、爬坡、温度过高、温度过低、电量低等情况下,会自动切换到 HEV 模式,如需继续在 EV 模式下行驶,需手动切回。温度过高或过低时,建议继续使用 HEV 模式。

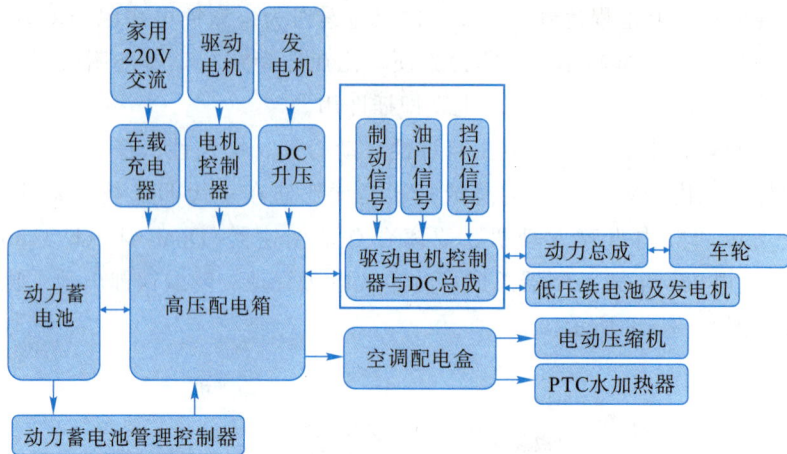

图6-2-3 比亚迪秦纯电动系统

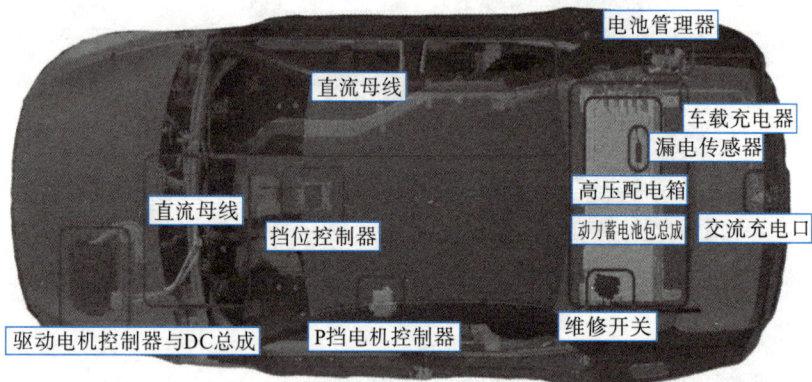

图6-2-4 比亚迪秦高压系统在车上的布置

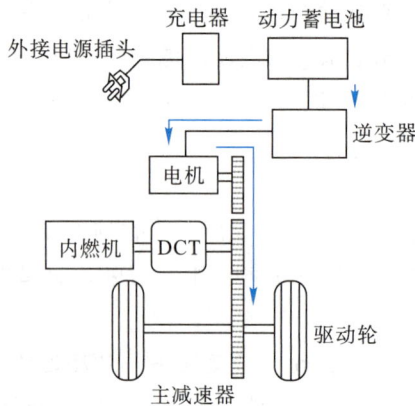

图6-2-5 EV模式

(2)HEV(混合动力)模式。

①当用户手动从 EV 模式切换到 HEV 模式后，车辆由发动机和电机共同驱动(见图 6-2-6)，实现了最佳的动力性，仍能保证混合动力系统具有良好的经济性。

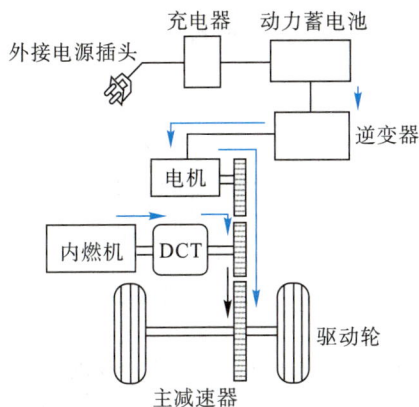

图 6-2-6　HEV 模式

②SOC 偏低工作模式，系统从 EV 模式自行切换到 HEV 模式，使用发动机驱动，车辆以较稳定的速度行驶时，发动机输出的一部分转矩会驱动电机进行发电，对动力蓄电池进行充电(见图 6-2-7)。

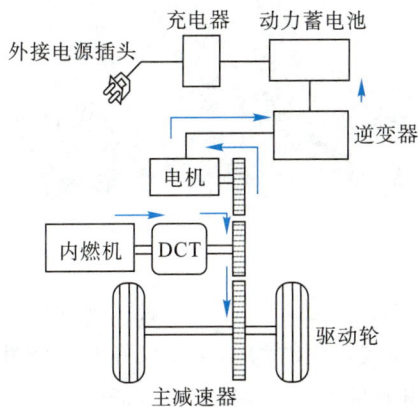

图 6-2-7　SOC 偏低模式

③当高速行驶或高压系统故障时，可单独使用发动机驱动，实现了高压系统的独立性(见图 6-2-8)。

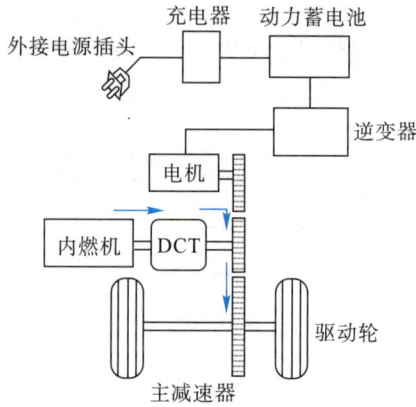

图 6-2-8　高速和高压故障模式

比亚迪秦工作模式通过切换开关（见图 6-2-9）进行，"EV"按键上的指示灯（绿色）点亮表示现在处于 EV 模式。如果这时逆时针旋转中间的旋钮，就进入 ECO（经济）模式，在保证动力的情况下，最大限度地节约电量；如果这时顺时针旋转中间的旋钮，则进入 SPORT（运动）模式，以保证较好的动力性能。

图 6-2-9　模式切换开关

当"HEV"按键上的指示灯（绿色）点亮时，表示现在处于 HEV 模式，这时逆时针旋转中间旋钮，进入 ECO 模式，此时为了保证较好的经济性和动力性：电量低于 5％时，发动机会一直启动；当电量大于 5％且车速较低时，将不会启动发动机；如果顺时针旋转中间的旋钮，则进入 SPORT（运动）模式，发动机会一直工作并保持最充沛的动力。

EV 模式行驶过程中，在高压系统无故障、无启动发动机需求的情况下，当电量下降到 15％时，整车自动由 EV 模式切换到 HEV 模式。若仍需进入 EV 模式，可长按 EV 按钮 3s 以上，直到仪表上 EV 指示灯持续闪烁，表明整车进入 EV-ECO 模式，此时输出功率受到一定限制，直到电量下降到 5％时，整车将自动切换到 HEV-ECO 模式。

3. 比亚迪秦动力系统主要系统、部件结构特点

1)挡位操纵系统

(1)挡位操纵系统组成。比亚迪秦采用先进的线控换挡系统，消除了变速杆及变速器之间的机械连接，通过电控方式来选择前进挡、倒挡、空挡和驻车挡。挡位操纵系统由 P 位按钮(见图 6-2-10)、换挡操纵机构(含电机)、P 位电机控制器(见图 6-2-11)、挡位控制器(见图 6-2-12)组成。

图 6-2-10　换挡操纵机构及 P 位按钮

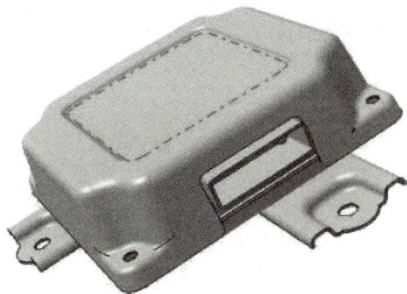

图 6-2-11　P 位电机控制器　　　　　图 6-2-12　挡位控制器

挡位信号由挡位控制器总成进行采集及处理，挡位控制器在布置时靠近挡位执行器总成，避免因线束过长导致信号不稳的现象。换挡完毕后，换挡杆可以自动回正以减小误操作。

比亚迪秦车型采用线控式 P 挡，有别于其他车型的机械式。线控式 P 挡通过 P 挡电机控制器的电信号输入给 P 挡电机，有效地控制 P 挡电机旋转，带动锁止机构动作

实现解闭锁，同时 P 挡电机可以反馈霍尔信号，使 P 挡电机控制器能够知道是否旋转到位。

P 挡电机控制器位于主驾驶员座椅地板下面，用于控制变速箱上 P 挡电机正向或反向旋转，从而实现车辆动力系统的锁止和解锁，并增加二次解闭锁，更能够保证车辆的安全和性能。

挡位操纵系统主要部件的安装位置如图 6-2-13 所示。

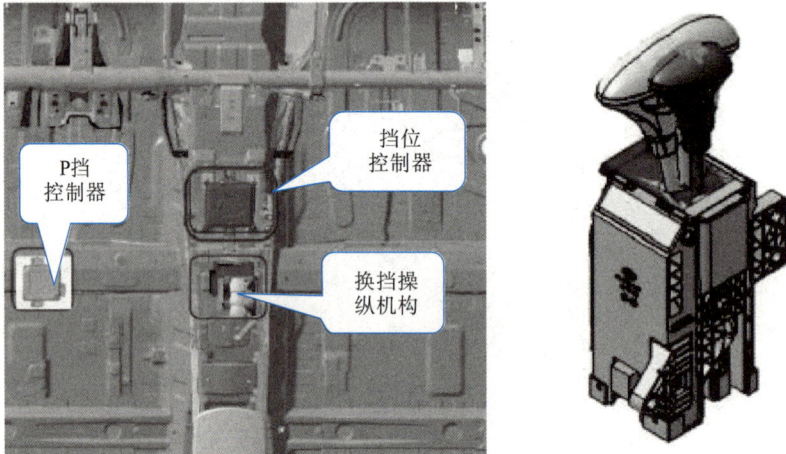

图 6-2-13　挡位操纵系统主要部件的安装位置

(2)换挡切换条件。比亚迪秦挡位切换条件见表 6-2-1。

表 6-2-1　比亚迪秦挡位切换条件

切入挡位	当前挡位			
	P	R	N	D
P	—	车速≤3 km/h	车速≤3 km/h	车速 ≤ 3 km/h
R	电源模式 OK 挡，有制动踏板状态	—	电源模式为 OK 挡	电源模式为 OK 挡，车速 ≤3 km/h
N	有制动踏板状态	电源模式为 ON/OK 挡	—	电源模式为 ON/OK 挡
D	电源模式 OK 挡，有制动踏板状态	电源模式为 OK 挡，车速≤3 km/h	电源模式为 OK 挡	—

2) 变速器总成

在发动机和电机之间，不再是简单的离合器，而是加上了比亚迪的双离合变速器，如图 6-2-14 所示，其变速的工作原理如图 6-2-15 所示，其换挡拨叉如图 6-2-16 所示。

变速器通过液压活塞推动拨叉工作，拨叉上的挡位传感器信号磁铁移动，以使变速器电脑获得当前挡位位置。

图 6-2-14　比亚迪秦变速器总成

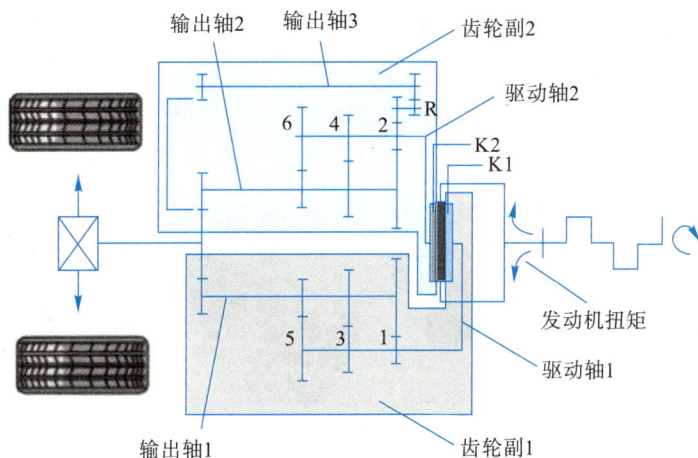

图 6-2-15　比亚迪秦变速器变速的工作原理

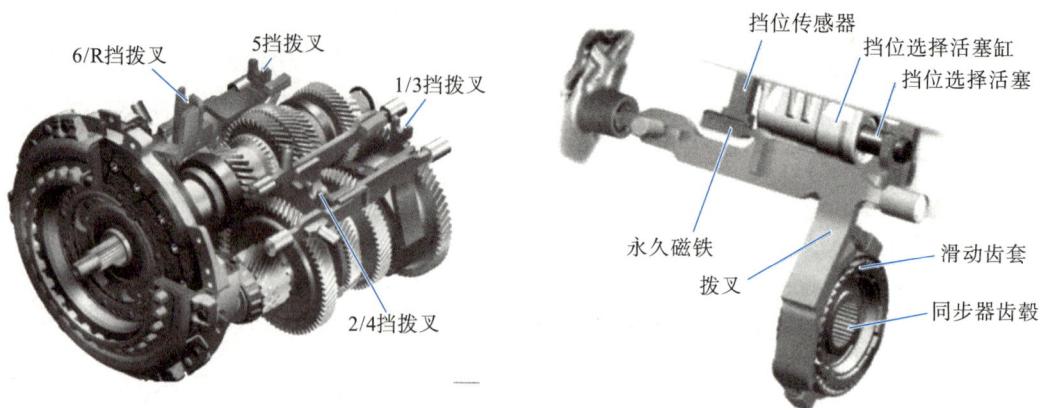

图 6 - 2 - 16　比亚迪秦变速器换挡拨叉

3)驱动电机控制器

驱动电机控制器与 DC 总成(见图 6 - 2 - 17)集成在一起,安装在前舱左侧,在整车上的安装位置见图 6 - 2 - 18。

图 6 - 2 - 17　驱动电机控制器与 DC 总成

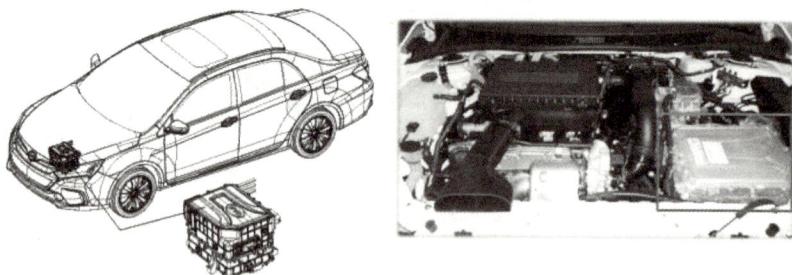

图 6 - 2 - 18　驱动电机控制器与 DC 总成在整车上的安装位置

驱动电机控制器作为动力系统的总控中心,其作用包含以下几方面。

(1)驱动电机运行,根据工况控制电机的正反转、功率、转矩和转速等;协调发动机管理系统工作。

（2）硬件采集电机的旋变、温度，制动、加速踏板开关信号。

（3）通过 CAN 通信采集制动深度、挡位信号、驻车开关信号、起动命令、电池管理控制器相关数据、控制器的故障信息。

（4）内部处理的信号有直流侧母线电压、交流侧三相电流、IGBT 温度、电机的三相绕组阻值。

4）冷却系统

比亚迪秦冷却系统由发动机冷却系统和电机冷却系统两部分组成。发动机冷却系统与传统涡轮增压车型冷却系统一样，系统水温一般在 90～100 ℃，允许最高温度为 110 ℃。

电机冷却系统采用了独立的冷却系统，如图 6-2-19 所示，用于电机与电机控制器的冷却，是通过单独的电动水泵驱动冷却液实现的独立循环系统。它由散热器、电子风扇、水管、水壶、电机水套、电机控制器、水泵（安装在水箱立柱上的电动水泵）组成。系统冷却液温度一般在 50～60 ℃，允许最高温度为 75 ℃。

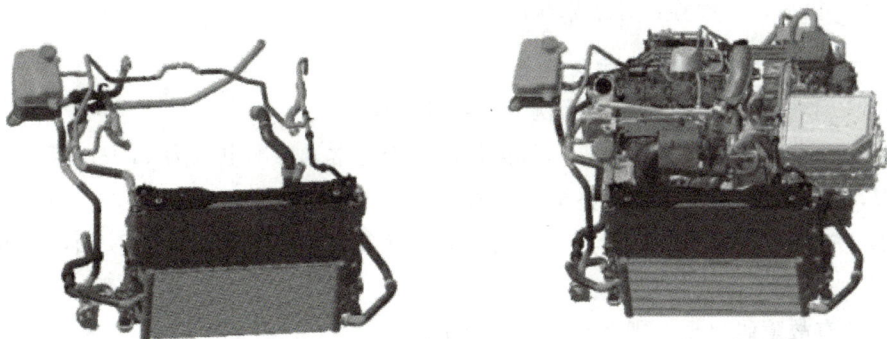

图 6-2-19　冷却系统结构图

4. 整车控制系统的工作原理

整车控制系统通过 CAN 总线协调蓄电池管理系统、电机控制器、空调系统等模块相互通信，如图 6-2-20 所示。

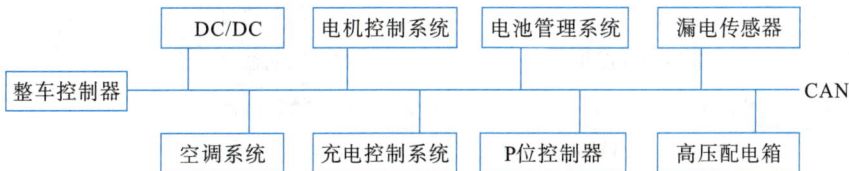

图 6-2-20　整车控制系统工作原理框图

6.2.2 比亚迪秦 EV 模式失效的故障原因

根据比亚迪秦混合动力电动汽车结构原理，EV 模式失效的故障可能有以下原因。

(1)动力蓄电池故障，如蓄电池损坏、电路不良、安装不当等。

(2)蓄电池管理器故障，如针脚折断、零件损坏、线路不良等。

(3)数据采集卡故障，如安装不当、接触不良、内部损坏等。

(4)数据线故障，如数据线短路、断路、接触不良等。

(5)电机控制故障，如电路故障、电机损坏、控制不良等。

(6)高压配电箱故障，如电路故障、安装不当、零部件损坏等。

6.2.3 比亚迪秦故障检查

1. 外部直观检查

直观检查动力系统各零部件、控制器外部是否损坏，各高压导线是否损坏，接头是否脱落、松动、漏液等，并予以排除。

2. 用比亚迪 VDS1000 诊断系统进行故障诊断

下面以驱动电机控制器诊断为例，说明其流程。

(1)检查蓄电池电压及整车低压线束供电是否正常。标准电压为 11～14 V，如果低于 11 V，应更换蓄电池或检查整车低压线束。

(2)将诊断仪连接 DLC3 诊断口，对接好插接线，整车电源置于 ON 挡，读取故障码(见表 6－2－2)。

(3)若有故障码出现，则调整、维修或更换。

(4)若无故障码出现，则要全面分析诊断车上 ECU 端子，再调整、维修或更换，最后确认测试。

表 6－2－2 驱动电机控制器故障码

故障码	故障描述	备注
P1B14	IGBT 过温警告	超过限制温度
P1B15	水温过高警告	超过限制温度
P1B16	IPM 散热器过温警告	超过限制温度
P1B17	P 位警告	P 位状态出错
P1B18	互锁故障(有母线电压没有信号)	母线电压没有与信号匹配
P1B19	主动泄放故障(预留)	主动泄放功能为预留的功能：由蓄电源管理器发出命令，电机控制器执行主动泄放动作，具体如何检测，能否检测还需讨论

续表

故障码	故障描述	备注
U2D0C	电机控制器与 ABS 通信故障	5 s 内没有接收报文则判断为故障
U2D0D	与蓄电池管理器通信故障	5 s 内没有接收报文则判断为故障
U2D0E	电机控制器与 P 挡控制器通信故障	5 s 内没有接收报文则判断为故障
U2D0F	电机控制器与 ECM 通信故障	5 s 内没有接收报文则判断为故障
U2D10	电机控制器与 ESC 通信故障	5 s 内没有接收报文则判断为故障
U2D11	电机控制器与 ACM 通信故障	2 s 内没有接收报文则判断为故障

3. 用万用表进行关键零部件检查

1) 高压配电箱故障检查

(1) 接触器异常检测。先判断接触器低压端是否同时满足吸合时所需的电压，即外围信号是否正常。若正常，判断为接触器异常；否则，需检查外围信号。

(2) 霍尔电路异常检测。若电源正常，则测试霍尔信号（"1 V"对应100 A）并与电源管理器的当前电流进行对比，从而判断霍尔电路是否正常。

(3) 配电箱内高压熔丝的异常检测。在检查高压模块是否有高压输入时，先检查高压熔丝是否烧毁。熔丝的好坏，可用万用表的通断挡进行检测。若导通，说明熔丝正常；若不导通，说明熔丝烧毁。需检查其负载是否正常，并进行更换。

2) 驱动电机控制器的检查

(1) 旋变传感器失效检测步骤。

①旋变励磁阻抗检查。断高压电，拔下低压线束，对照线束定义图，用万用表检查在低压插接件上的相应旋变、励磁阻抗。

MG2 正弦绕组 SIN+ 与 SIN− 之间电阻应为 $(16\pm1)\Omega$；

MG2 余弦绕组 COS+ 与 COS− 之间电阻应为 $(16\pm1)\Omega$；

MG2 励磁绕组 EXC 与 /EXC 之间电阻应为 $(8\pm1)\Omega$。

②检查正余弦之间，正余弦和励磁之间，以及旋变信号和壳体之间阻抗是否正常，一般应大于 20 MΩ，如电阻正常，则进行下一步检查。

③线束及插接件检查。检查低压插接件是否内部断路。拔下线束，用万用表测量线束同一信号两端的电阻应小于 1 Ω。若正常，则更换驱动电机控制器；若异常，则更换连接线束或更换插接件。

(2) 驱动电机控制器内部管压降的测量见图 6-2-21。

(3) 直流母线电压故障检查步骤。

①检查直流高压插接器。断开维修开关，拔下高压插接器，用万用表测量控制器上高压插接件正负极对控制器外壳电阻，一般大于 20 MΩ；若正常，进行下一步检查；

若异常，检查高压电缆。

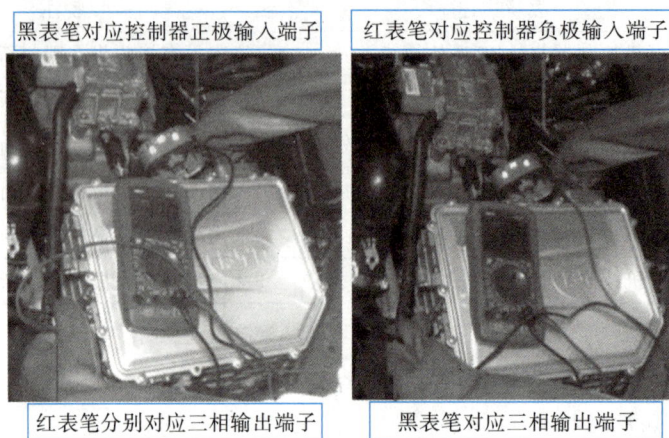

图 6 - 2 - 21　驱动电机控制器内部管压降的测量

②检查高压输入信号。用万用表检查高压输入端电压是否在 480～500 V 范围内。若正常，说明驱动电机控制器有故障；若小于 480 V，则外部输入异常，应检查电池系统和预充系统。

(4)电机过温保护检查步骤。检查电机温度传感器电阻：断开高压电，拔下低压线束，对照线束定义图检查电机温度信号对机壳电阻，一般为 20 kΩ(60 ℃时)。若正常，重新接低压插接件上电一次，若还是出现故障码，维修或更换驱动电机控制器；若为无穷大，则说明温度传感器有故障，应进行维修或更换。

(5)散热器过温检查步骤。查看控制器是否发烫，水泵是否正常工作，水道是否畅通。若不正常，解决水泵和水道的故障。若正常，应返厂维修。

综合以上全面诊断，故障诊断仪出现了故障码 P1B14(IGBT 过温警告)，读取数据流，IGBT 温度为 95 ℃，超过限制温度。经检查，高压冷却回路正常，问题出在驱动电机控制器与 DC 总成，需更换。

6.2.4　比亚迪秦的故障维修

1. 维修准备
整车置于 OFF 挡；拔掉紧急维修开关，等待 5 min 以上，断开蓄电池。

2. 驱动电机控制器与 DC 总成拆装
(1)拆掉电机三相线插接器的 4 个螺栓，如图 6 - 2 - 22 所示。

(2)拔掉高压母线插接器。

(3)拆掉附在箱体配电盒上端螺栓和底座的 4 个紧固螺栓。

图 6-2-22　电机三相线插接器的 4 个螺栓

（4）将控制器往左移，拔掉 62 针低压插接器，拆掉搭铁螺栓，拔掉 DC 低压输出线，拔掉 4 个低压线束卡扣。

（5）将控制器往右移，拆掉进水管和出水管。

（6）按拆卸相反顺序进行安装。

3. 维修检验

更换驱动电机控制器与 DC 总成后重新检测，故障码消失，读取数据流，IGBT 温度降为 32 ℃，故障排除。

任务总结

（1）比亚迪秦采用二代 DM 双模动力系统，带有一个 1.5T 涡轮增压发动机和一个 110 kW 电动机。比亚迪秦动力系统主要由发动机与纯电动两大部分组成，发动机采用四缸电控汽油机，纯电动与 EV 类似，主要由动力蓄电池及其管理器、驱动电机及其控制器、充电系统和高压配电箱等组成。

（2）比亚迪秦有如下两种工作模式：纯电动模式和混合动力模式。纯电动模式与一般电动汽车相同；混合动力（HEV）模式时，车辆由发动机和电机共同驱动；当电量不足时，系统会从"EV"模式自行切换到"HEV"模式，同时对动力蓄电池进行充电；当电量不足或高压系统故障时，可单独使用发动机驱动。

（3）比亚迪秦采用先进的线控换挡系统，消除了换挡杆与变速器之间的机械连接，通过电控方式来选择前进挡、倒挡、空挡和驻车挡。

（4）比亚迪秦冷却系统由发动机冷却系统和电机冷却系统两部分组成。发动机冷却系统与传统涡轮增压车型冷却系统一样，系统水温一般在 90～100 ℃之间，允许最高温度为 110 ℃。

（5）可采用专用故障诊断仪结合万用表检测整车控制系统。本任务的 EV 模式失效故障是由于电机控制器 IGBT 温度过高引起的。

思考题

1. 填空题

(1)比亚迪秦采用_____双模动力系统，带有一个 1.5T 涡轮增压发动机和一个_____电动机。

(2)比亚迪秦动力系统主要由_____与_____两大部分组成。

(3)比亚迪秦有如下 2 种工作模式：_____模式和_____模式。纯电动模式与一般电动汽车相同；混合动力(HEV)模式时，车辆由_____和电机共同驱动；当电量不足时，系统会从"EV"模式自行切换到"HEV"模式，同时对_____进行充电；当电量不足或高压系统故障时，可单独使用_____驱动。

(4)比亚迪秦采用先进的线控换挡系统，消除了_____与变速器之间的_____，通过_____来选择前进挡、倒挡、空挡和驻车挡。

(5)比亚迪秦工作模式通过切换开关进行，"EV"按键上的_____点亮表示现在处于 EV 模式。如果这时逆时针旋转中间的旋钮，就进入_____模式，在保证动力的情况下，最大限度地节约电量；如果这时顺时针旋转中间的旋钮，则进入_____模式，以保证较好的动力 HEV 性能。

(6)比亚迪秦冷却系统由_____冷却系统和_____冷却系统两部分组成。发动机冷却系统与传统涡轮增压车型冷却系统一样，系统水温一般在_____之间，允许最高温度为_____℃。

2. 简答题

(1)比亚迪秦混合动力电动汽车 EV 模式失效的故障可能原因有哪些？

(2)比亚迪秦高压配电箱故障检查包括哪些项目？

燃料电池电动汽车

任务 7.1 燃料电池电动汽车的认识

🖋 情景导入

甲：你知道燃料电池电动汽车主要是利用什么来产生能量的？

乙：应该是利用氢气和空气中的氧发生反应产生电能的。

🔑 学习目标

(1)掌握燃料电池的概念及特点。

(2)掌握燃料电池的类型。

7.1.1 燃料电池的概念与特点

1. 燃料电池的概念

燃料电池是一种将储存在燃料和氧化剂中的化学能通过电极反应直接转化为电能的发电装置，燃料电池平时将燃料(氢气、甲醇等)和氧化剂(氧气)分别作为电池两极的活性物质保存在电池的本体之外，在使用时将它们通入电池内，使电池发电，只要持续供应，电池就会源源不断提供电能，其容量在理论上是无限的，但实际上受元件老化和故障等的影响，故燃料电池的寿命是有限的。

燃料电池实质上是电化学反应发生器，由阴极、阳极和电解质三部分组成。其反应机理是将燃料中的化学能不经燃烧而直接转化为电能。

2. 燃料电池与普通电池的异同

普通电池分为一次电池和二次电池(蓄电池)，一次电池的化学能储存在电池物质中，当电池放电时，电池物质发生化学反应，直到反应物质全部反应消耗完毕，电池就不再发出电了，因此，一次电池所发出的最大电能等于参与电化学反应的化学物质完全反应时所产生的电能，二次电池可以利用外部供给的电能，使电池反应向逆方向进行，再生成电化学反应物质，从能量角度看，二次电池就是将外部能量充给电池，使其可再发电，实现反复使用的目的。

从根本上讲，燃料电池与普通一次电池一样，是使电化学反应的两个电极反应分别在阴极和阳极上发生，通过外电路产生电流来发电的。所不同的是，普通一次电池是一个封闭体系，与外界只有能量交换而没有物质交换。换言之，电池本身既作为能量的转换场所，也作为电极物质的储存容器。当反应物消耗完时，电池就不能继续提供电能。燃料电池是一个开放体系，与外界不仅有能量的交换，也存在物质的交换，外界为燃料电池提供反应所需的物质，并带走反应产物。

3. 燃料电池的优点

作为一种能量转化装置，与车用内燃机相比，燃料电池主要具有以下几点优点。

(1)效率高。燃料电池不是热机，因此不受卡诺循环的限制，效率很高，目前已达 60%。

(2)零排放或排放极低，对环境基本无污染。燃料电池没有燃烧过程，用化学方式直接转换化学能，属于"冷燃烧"，氢氧燃料电池的产物只有水，没有其他废气排出。

(3)过载能力强。燃料电池的短时过载能力可达 2 倍的额定功率或更大，而内燃机没有这样强的过载能力，燃料电池的这个特点特别适合汽车的短时加速。

(4)振动与噪声小，燃料电池属于静态能量转换装置，无运动部件，因此在运行过程中噪声和振动很小。

(5)易实现模块化，燃料电池容易通过串联、并联等模块化组合来提高输出功率。

7.1.2　燃料电池的分类

燃料电池可根据工作温度、燃料来源和电解质类型进行分类。

1. 根据工作温度分类

根据工作温度不同，燃料电池可以分为低温型(低于 200 ℃)、中温型(200～750 ℃)和高温型(大于 750 ℃)3 类。

2. 根据燃料来源分类

根据燃料来源不同，燃料电池可以分为直接式燃料电池、间接式燃料电池和再生式燃料电池。

3. 根据电解质类型分类

根据电解质类型不同，燃料电池可以分为碱性燃料电池(Alkaline Fuel Cell，AFC)、磷酸燃料电池（Phosphoric Acid Fuel Cell，PAFC）、熔融碳酸盐燃料电池（Molten Car-bonate Fuel Cell，MCFC）、固体氧化物燃料电池（Solid Oxide Fuel Cell，SOFC）及质子交换膜燃料电池（Proton Exchange Membrane Fuel Cell，PEMFC）等。

🔭 任务总结

（1）燃料电池（DCFD）是一种将储存在燃料和氧化剂中的化学能通过电极反应直接转化为电能的发电装置．

（2）根据工作温度不同，燃料电池可以分为低温型（低于 200 ℃）、中温型（200～750 ℃）和高温型（大于 750 ℃）3 类。根据燃料来源不同，燃料电池可以分为直接式燃料电池、间接式燃料电池和再生式燃料电池。根据电解质类型不同，燃料电池可以分为碱性燃料电池（AFC）、磷酸燃料电池（PAFC）、熔融碳酸盐燃料电池（MCFC）、固体氧化物燃料电池（SOFC）及质子交换膜燃料电池（PEMFC）等。

（3）燃料电池主要优点：效率高、零排放或排放极低、过载能力强、振动与噪声小、易实现模块化。

✴ 思考题

1. 填空题

（1）根据工作温度不同，燃料电池可以分为_____（低于 200 ℃）、_____（200～750 ℃）和_____（大于 750 ℃）3 类。

（2）根据燃料来源不同，燃料电池可以分为_____燃料电池、_____燃料电池和再生式燃料电池。

（3）根据电解质类型不同，燃料电池可以分为_____（AFC）、_____（PAFC）、_____（MCFC）、固体氧化物燃料电池（SOFC）及质子交换膜燃料电池（PEMFC）等。

2. 简答题

（1）燃料电池与普通电池相比，有哪些优点？

（2）简述燃料电池的分类。

任务 7.2　燃料电池电动汽车的结构原理

🖋 情景导入

甲：燃料电池电动汽车和传统的燃油汽车一样，有发动机吗？

乙：应该是没有发动机的，它是靠氢气和氧气发生化学反应产生电能的。

学习目标

(1)掌握燃料电池电动汽车的结构原理。
(2)了解燃料电池电动汽车的发展状况。

7.2.1　燃料电池电动汽车的结构

燃料电池电动汽车与普通燃油汽车相比，其外形和内部空间几乎没有什么区别，不同之处在于动力系统。燃料电池电动汽车动力系统的基本组成部分有燃料电池系统、辅助蓄能装置、驱动电机及电子控制系统。燃料电池汽车结构如图7-2-1所示。

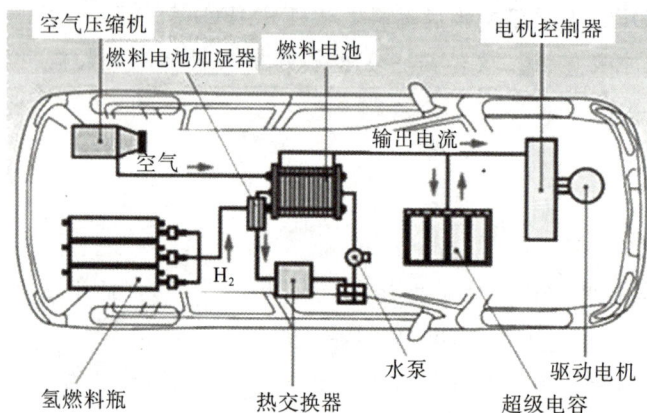

图7-2-1　燃料电池汽车结构

1. 燃料电池系统

燃料电池系统的核心是燃料电池堆，此外，还配备了氢气供给系统、氧气供给系统、水循环系统等，用于确保燃料电池堆正常工作。

(1)氢气供给系统。氢气供给系统的功能包括氢的储存、管理和回收。由于气态氢需要采用高压的方式储存，因此，储氢气瓶必须有较高的品质。储氢气瓶的容量决定了一次充氢的行驶里程。轿车一般采用2~4个高压储氢气瓶，大客车上通常采用5~10个高压储氢气瓶来储存所需的氢气量。

液态氢比气态氢需要更高的压力进行储存，且要保持低温，因此，在使用液态氢时对储氢气瓶的要求更高，还需要有较复杂的低温保温装置。

不同的储氢压力，需要采用相应的减压阀、调压阀、安全阀、压力表、流量表、热量交换器、传感器及管理等组成氢气供给系统。在从燃料电池堆排出的水中，含有少量的氢，可通过氢气循环器将其回收。

(2)氧气供给系统。氧气有纯氧和空气两种供给方式。当以纯氧的方式供给时，需要用氧气罐；当从空气中获得氧气时，需要用压缩机来提高压力，以确保供氧量，增加燃料电池反应的速度。空气供给系统除了需要有体积小、效率高的空气压缩机外，还需配各相应的空气阀、压力表、流量表及管路，并对空气进行加热处理，以确保空气具有一定的湿度。

(3)水循环系统。在燃料电池反应过程中，会产生水和热量，需要通过水循环系统中的凝缩器加以冷凝并进行气水分离处理，部分水可用于反应气体的加湿。水循环系统还用于燃料电池的冷却，以使燃料电池保持在正常的工作温度。

2. 辅助蓄能装置

混合式燃料电池电动汽车还配备辅助蓄能装置。辅助蓄能装置可采用蓄电池、超级电容和飞轮电池中的一种，组成双电源的混合动力系统，或采用蓄电池＋超级电容、蓄电池＋飞轮电池，与燃料电池组成的三电源系统。

燃料电池电动汽车配备辅助蓄能装置的作用有以下几方面。

(1)在燃料电池电动汽车起动时，由辅助蓄能装置提供电能，带动燃料电池起动或带动车辆起步。

(2)在燃料电池电动汽车运行过程中，当燃料电池输出的电能大于车辆驱动所需的能量时，辅助蓄能装置可用于储存燃料电池剩余的电量。

(3)在燃料电池电动汽车加速和爬坡时，辅助蓄能装置可协助供电，以弥补燃料电池输出功率的不足，使电机获得足够的电能，产生满足车辆加速和爬坡所需的电磁转矩。

(4)向车辆的各种电子设备、电器提供工作所需的电能。

(5)在车辆制动时，将驱动电机转换为发电机工作状态，将车辆的动能转换为电能，并向辅助蓄能装置充电，以实现车辆制动时的能量回收。

3. 驱动电机

驱动电机用于将电源所提供的电能转换为电磁转矩，并通过传动装置驱动车辆行驶。与纯电动汽车和混合动力电动汽车一样，燃料电池电动汽车用驱动电机也可采用直流有刷电机、交流异步电机、交流同步电机、永磁无刷直流电机和开关磁阻电机等。

不同类型的电机有不同的性能特点，燃料电池电动汽车通常是结合整车的开发目标，综合考虑各种电机的结构与性能特点以及电机的驱动控制方式和控制器结构特点等，选择适宜的驱动电机。

4. 电子控制系统

直接燃料电池电动汽车的电子控制系统包括燃料电池系统控制、DC/DC变换器控制、辅助储能装置能量管理、电机驱动控制及整车协调控制等控制功能，各控制模块通过总线连接。

(1)燃料电池系统控制。燃料电池系统控制器用来控制燃料电池的燃料供给与循环系统、氧化剂供给系统、水/热管理系统，并协调各系统工作，以使燃料电池系统能持续向外供电。

(2)DC/DC变换器控制。DC/DC变换器用于改变燃料电池的直流电压，由电子控制器控制。电子控制器的作用是通过调节DC/DC变换器的作用不仅仅是升压和稳压，在工作时，通过控制器的实时调节，可使其输出电压与蓄电池的电压相匹配，协调燃料电池和蓄电池负荷，起限制燃料电池最大输出电流和最大功率的作用，以避免燃料电池因过载而损坏。

(3)辅助蓄能装置能量管理。辅助蓄能装置能量管理系统对蓄电池的充电、放电、存电状态等进行监控，使辅助蓄能装置能正常起作用，实现车辆在起动、加速、爬坡等工况下的协助供电，并在车辆运行时储存燃料电池富余电能，实现汽车制动时的能量回馈。蓄电池能量管理系统通过对蓄电池电压、电流、温度等参数的监测，还可实现蓄电池的过充电、过放电控制，进行蓄电池荷电状态的估计和显示。

(4)电机驱动控制。电机的类型不同，其控制系统的电路结构和工作原理也有所不同。总体上，电机驱动控制系统的主要功能有电机的转速与转矩调节、电机工作模式控制、电机过载保护控制等。

(5)整车协调控制。整车协调控制系统基于设定的控制策略对各控制功能模块进行协调控制。一方面，控制器根据加速踏板传感器、制动踏板传感器、挡位开关送入的电信号判断驾驶人的驾车意图，并输出控制信号，通过相关的控制功能模块实现车辆的行驶工况控制；另一方面，控制器根据相关传感器和开关输入的电信号，获取车速、电机转速、是否制动、蓄电池和燃料电池的电压和电流等信息，判断车辆的实际行驶工况和动力系统的状况，并按设定的多电源控制策略输出相应的控制信号，通过相应的功能模块实现能量分配调节控制。此外，整车协调控制还包括整车故障自诊断功能。

7.2.2　燃料电池电动汽车的关键技术

1. 燃料电池技术

燃料电池技术是燃料电池电动汽车最关键的技术之一。燃料电池堆的净输出功率、耐久性、低温启动性及成本等，直接影响燃料电池电动汽车的性能和发展。目前，降低燃料电池成本是燃料电池电动汽车研究的最重要的目标，而控制燃料电池成本最有效的手段则是减少燃料电池材料的成本，降低加工等费用。在降低燃料电池成本的同时，进一步提高燃料电池的性能，是目前燃料电池电动汽车技术研究的重点。

2. 车载储氢装置

目前，燃料电池电动汽车大都以纯氢为燃料。车载储氢装置对燃料电池电动汽的动力性及续驶里程影响很大。如前所述，常见的车载储氢装置有高压储氢瓶、低温液氢瓶及金属氢化物储氢装置三种。除液态储氢方式外，目前的车载储氢装置的质量储氢密度和体积储氢密度均较低，而液态储氢需要很低的温度条件，其成本和能耗都很高。如何有效地提高体积储氢密度和质量储氢密度，是车载储氢装置研究的重点。

3. 辅助蓄能装置

对于混合型燃料电池电动汽车而言，辅助蓄能装置性能的好坏、能量控制策略的优劣等对燃料电池电动汽车动力性和经济性的影响都很大。因此，研究和开发高性能的辅助蓄能装置，也是燃料电池电动汽车发展所必需的。

4. 电机及其控制技术

电机用于产生驱动车轮转动的电磁转矩，其性能对燃料电池电动汽车的动力性和经济性影响极大。与工业用电机相比，燃料电池电动汽车用驱动电机在最大功率、最高转矩、工作效率、调速性能等方面均有较高的要求。

5. 系统管理策略与电子控制技术

整车动力系统的优化设计、能量管理策略、整车热管理及整车电子控制（动力控制、能量管理、热管理及制动能量回馈等自动协调控制）等，对燃料电池电动汽车的动力性、经济性也起到了关键的作用。

7.2.3 燃料电池电动汽车存在的主要问题

燃料电池电动汽车有燃油汽车无法比拟的优势，但是，由于燃料电池电动汽车的性能成本及燃料的供给配套设施等问题还尚待解决，因此完全替代燃油汽车还尚需时日。

1. 燃料电池电动汽车的性能还有待提高

与燃油汽车相比，燃料电池电动汽车的动力性、耐久性、起动性能（起动时间及低温起动）、续驶里程等均需要提高。

燃料电池是燃料电池电动汽车的核心部件，必须要解决的问题是提高功率密度、耐久性和起动性能。

重整器是确保燃料电池电动汽车能使用纯氢以外燃料的关键部件，提高重整器的工作可靠性、循环寿命、起动性和负荷响应性以及小型化和轻量化，是重整燃料电池电动汽车必须要解决的问题。此外，开发实用型的汽油重整器具有极为重要的意义，因为当汽油重整器在燃料电池电动汽车上大规模使用时，燃料电池电动汽车燃料供给的基础设施可以与燃油汽车共用。

氢储存技术的提高是解决以纯氢为燃料的燃料电池电动汽车续驶里程问题的关键，目标是一次加氢的续驶里程能达到 500 km 以上。

2. 制造成本和运行成本过高

制造成本和运行成本过高是制约燃料电池电动汽车商用化的最大障碍，而燃料电池电动汽车制造成本居高不下的最主要原因就是价格贵的燃料电池。

在燃料电池中，无孔石墨双极板的成本占了整个燃料电池系统成本的50%以上。无孔石墨板的优点是导电性好、质量轻、耐腐蚀，缺点是机械强度低、不易加工且难以薄片化。如今世界上正在研究改用金属板或复合板作双电极。这不仅可以降低材料费用，而且可以减薄双极板，降低加工难度，实现大批量生产，从而较大幅度地降低燃料电池的成本，提高燃料电池的比功率。

质子交换膜的费用也较高，其成本在燃料电池系统中排第二位。目前，广泛采用的质子交换膜的工作温度极限是85 ℃，为确保燃料电池正常工作，就必须消耗燃料电池51%的能量，以移走燃料电池工作所产生的热量，这就大大降低了燃料电池的比能量。提高质子交换膜材料的工作温度极限和降低膜的厚度，是提高燃料电池的比能量，降低成本的有效途径。

催化剂铂是昂贵的金属，减少其用量可有效降低燃料电池的成本。但现在的燃料电池催化剂铂的用量已减至很低的水平，因此，单纯通过减少铂的用量来降低燃料电池的成本已较困难，提高铂的回收技术或寻求铂的替代品，成了降低燃料电池成本最有效的措施。

对氢燃料电池电动汽车而言，氢气的制备、储藏和运输成本要远高于汽油和柴油，因此燃料电池电动汽车的运行成本也较高。降低氢燃料的成本或研究与开发高效的汽油重整器，也是燃料电池电动汽车能被市场接受所要努力的方向。

3. 燃料供给体系的建立尚需时日

目前，燃料电池电动汽车的燃料供给体系尚未建立，加氢站、加甲醇站等基础网络设施建设几乎为零。目前，全球范围内投入使用的加氢站仅有100多家，并且大都不具有商业用途。要使燃料电池电动汽车实现商用化，氢燃料的供应及燃料供给基础设施建设必须同步进行。

当大规模地使用燃料电池电动汽车时，如何较为经济地获取氢，就成了燃料电池电动汽车应用必须解决的首要问题。虽然通过重整技术可将天然气、油等转化为燃料电池所需的氢燃料，但是这要消耗大量的能量，且未能摆脱对有限资源的依赖，也不能完全消除对环境的污染。通过热解或电解的方法可从水中获取氢，这虽然是一种取之不尽的制氢方法，但需要消耗较多的能源，不具备实用性。利用太阳能制氢是较有前途的制氢方法。太阳能发电后通过电解水制氢，或利用太阳能直接分解水制氢等技术均处于研究与开发之中，此外，生物制氢技术也是获取氢源的有效途径。只有到了能以太阳能或其他再生能源获取廉价氢燃的时候，燃料电池电动汽车的燃料问题才能根本解决。

气态氢的密度很小，需要通过高压储存，而液态氢又需要低温存储。因此，氢燃料生产基地的储存设备、运输装备和充氢站等，相比于汽油和柴油的储存设备、运输装备和加油站等均要复杂得多。加氢站的技术要求和费用要比加油站高得多，这需要国家给予政策扶持。在美国及欧洲一些国家，有关加氢站建设的法规早已成型，我国也正在积极做相关的工作。

只有当燃料电池电动汽车的性能及成本能与燃油汽车相抗衡，又有完备的燃料供给体系时，燃料电池电动汽车才能真正实现商用化。

任务总结

(1)燃料电池系统的核心是燃料电池堆，此外，还配备了氢气供给系统、氧气供给系统、水循环系统等，用于确保燃料电池堆正常工作。

(2)在燃料电池反应过程中，会产生水和热量，需要通过水循环系统中的凝缩器加以冷凝并进行气水分离处理，部分水可用于反应气体的加湿。水循环系统还用于燃料电池的冷却，以使燃料电池保持在正常的工作温度。

(3)混合式燃料电池电动汽车还配备辅助蓄能装置。辅助蓄能装置可采用蓄电池、超级电容和飞轮电池中的一种，组成双电源的混合动力系统。

(4)目前，燃料电池电动汽车大都以纯氢为燃料。车载储氢装置对燃料电池电动汽车的动力性及续驶里程影响很大。

思考题

1. 填空题

(1)燃料电池实质上是_____发生器，由_____、_____和_____三部分组成。其反应机理是将燃料中的_____不经燃烧而直接转化为_____。

(2)液态氢比气态氢需要更高的_____进行储存，且要保持_____温，因此，在使用液态氢时对储氢气瓶的要求更高，还需要有较复杂的低温保温装置。

(3)常见的车载储氢装置有_____储氢瓶、_____液氢瓶及金属氢化物储氢装置三种。

2. 简答题

(1)简述燃料电池系统的组成。

(2)燃料电池电动汽车存在的主要问题有哪些？

参考文献

[1] 刘福华，康杰. 新能源汽车结构原理与检修[M]. 北京：机械工业出版社，2019.

[2] 何洪文，熊瑞. 电动汽车原理与构造[M]. 2版. 北京：机械工业出版社，2018.

[3] 任春晖，李颖. 新能源汽车辅助系统检修[M]. 北京：机械工业出版社，2018.

[4] 包丕利. 纯电动汽车辅助系统检测与修复[M]. 北京：机械工业出版社，2018.

[5] 王鸿波，谢敬武. 新能源汽车构造与检修[M]. 北京：机械工业出版社，2018.

[6] 蒋鸣雷. 新能源汽车动力电池结构与检修[M]. 北京：机械工业出版社，2018.

[7] 赵振宁，邱洁，刘凤珠. 混合动力汽车构造原理与检修[M]. 北京：机械工业出版社，2019.

[8] 崔胜民. 新能源汽车技术解析[M]. 2版. 北京：化学工业出版社，2021.

[9] 曹砚奎. 电动汽车结构原理与维修[M]. 北京：化学工业出版社，2018.

[10] 姜丽娟，张思扬. 新能源汽车故障诊断[M]. 北京：机械工业出版社，2018.

[11] 蔡兴旺，康晓清. 新能源汽车结构与维修[M]. 2版. 北京：机械工业出版社，2019.